*Rudolf Schwartz*

# Die Musik des 19. Jahrhunderts

*ein historischer Überblick*

Europäischer
Musikverlag

*Rudolf Schwartz*

**Die Musik des 19. Jahrhunderts**

*ein historischer Überblick*

*ISBN/EAN: 9783956980589*

*Auflage: 1*

*Erscheinungsjahr: 2013*

*Erscheinungsort: Norderstedt, Deutschland*

Hergestellt in Europa, USA, Kanada, Australien, Japan
Europäischer Musikverlag in Hansebooks GmbH, Norderstedt

Meiner geliebten Braut

# Fräulein Francisca Mannig

zugeeignet.

# Die Musik
## des 19. Jahrhunderts

Ein historischer Ueberblick

von

Rudolf Schwartz

Leipzig

Verlag von Bartholf Senff

1900

# Inhalt.

# Vorwort.

Die nachfolgende Abhandlung ist ein im Wesentlichen
unveränderter, in einzelnen Punkten allerdings erweiterter
Abdruck meines Aufsatzes „Die Musik des 19. Jahrhun=
derts" aus dem eben begonnenen 58. Jahrgange der
„Signale. für die musikalische Welt" (Leipzig, Verlag von
Bartholf Senff).

Schon seit längerer Zeit pflegt diese Zeitschrift zum
Beginne des neuen Jahres ihren Lesern einen Rückblick
auf das verflossene Musikjahr zu bieten. Der Gedanke,
an der Wende des Jahrhunderts die Entwicklung der
Musik während dieser hundert Jahre in ähnlicher Weise
zu beleuchten, lag daher nahe. Da aber diese gewaltige
Aufgabe auf einem sehr beschränkten Raume zu lösen
war, und der Charakter der in dieser Zeitschrift üblichen
„Rückblicke" gewahrt werden sollte, so war jedes tiefere
Eingehen in die Sache von vornherein ausgeschlossen.
Es will daher dieser Aufsatz nichts weiter, als den Leser
im Allgemeinen über die Entwicklung der Musik im
19. Jahrhundert orientiren, ohne Anspruch darauf zu
erheben, im Einzelnen irgendwie erschöpfend zu sein.
Dennoch hoffe ich, daß man an dem in großen Zügen
entworfenen Bilde nicht allzuviel Charakteristisches ver=
missen wird.

Leipzig, im Januar 1900.

Dr. Rudolf Schwartz.

# Die Musik des 19. Jahrhunderts.

## I. Sinfonie.

**Classiker.** — Die Entwicklung, die eine Kunst in der Zukunft nehmen wird, läßt sich nicht vom Standpunkte der Gegenwart aus bestimmen. Mit Prophezeihungen ist hierbei nichts gethan, auch wenn sie mit noch so großer Emphase vorgetragen werden. Niemand kann wissen, ob nicht ganz neue Factoren in den weiteren Verlauf der Entwicklung eingreifen werden. Jedes Kunstwerk steht im Zusammenhange mit seiner Zeit. Eine perpetuirliche Continuität giebt es in der Kunst nicht. Allerdings können verschiedene Zeiten ein gemeinsames Kunstgefühl theilen, die Folge wird sein, daß die Pflege gewisser Kunstformen von einem Künstler auf den anderen übergeht. Aber keineswegs wird der spätere Künstler diese Erbschaft bedingungslos antreten, er wird vielmehr die überkommenen Formen mit seinem eigenen Geiste füllen. Jede neue Erscheinung wirkt dadurch am stärksten, worin sie sich von dem schon Dagewesenen unterscheidet. Der moderne Künstler kann seiner Individualität im vollsten Maße Rechnung tragen. Concessionen, wie sie noch ein Shakespeare dem Zeitgeschmack machen mußte, hat er nicht mehr nöthig. Unsere Zeit versteht die feinsten Regungen einer Künstlerseele.

Nun ist aber der Charakter unserer Zeit ein mehr wissenschaftlicher als künstlerischer. Hierin liegt eine Gefahr für die Kunst. „Die Grenzen der Kunst verengern sich, je mehr die Wissenschaft ihre Grenzen erweitert." Dies Schiller'sche Wort trifft in gerader Linie auf die Musik unserer Zeit zu. Die moderne Musik will mehr als ein bloßes Spiel in Tönen sein, sie will sich auch ihrestheils an den philosophischen Reflexionen unserer Tage betheiligen, sie möchte die Tonsprache am liebsten zu begrifflicher Klarheit bringen. Ob sie sich hiermit aber nicht eines Theiles ihres eigensten Wesens beraubt, ist eine Frage, die erst noch erörtert werden müßte.

Die Frage, worin das Wesen der Musik liege, ist keineswegs neu. Wieder einmal zur brennenden Tagesfrage wurde sie gegen das Jahr 1600. Um diese Zeit war eine höchste Blüthe musikalischer Kunst zum Abschluß gelangt — die sogenannte Periode der mehrstimmigen a capella-Musik des Mittelalters. Es war eine Zeit musikalischer Seligkeit, in der das Ohr schwelgte in dem Zauber der „unendlichen Melodien", die aus gläubigen Herzen gesungen, wie das Weihrauchsopfer des Priesters als ein musikalisches Dankopfer zum Himmel emporstiegen. Als aber der kirchliche Sinn immer mehr verflachte und durch die Renaissancebestrebungen der Mensch sein eigenes Ich entdeckte, machte sich diese Bewegung auch in der Musik bemerkbar. Mehrstimmig wie die Musik war, vertrat sie nicht den Ausdruck einer bestimmten Persönlichkeit, sondern beschränkte sich darauf, allgemeine Empfindungen in Töne umzusetzen. Gegen diese Objectivität der Kunst richtete sich der Kampf; er führte schließlich zur Monodie, zur Erfindung der Oper und des Oratoriums. An die Stelle der bisherigen Mehrstimmigkeit trat die von Instrumenten begleitete Solostimme. Das subjective Pathos wurde in breitem Strome in die Musik eingeleitet. Der Satz Monteverdi's „das Wort sei die Gebieterin der Musik und nicht ihre Sklavin" wurde die Richtschnur dieser neuen Schule. Es beginnt eine Zeit der Romantik, die kaum hinter derjenigen unserer Tage zurücksteht. Ueberall wird die Absicht erkennbar, dem poetischen Stimmungsgehalt einen möglichst getreuen musikalischen Ausdruck zu verleihen. Die Tonmalerei wird eine gangbare Münze des 17. Jahrhunderts. In der Heranziehung der Chromatik wird das Mittel gefunden, den musikalischen Ausdruck für die leidenschaftlicheren Momente der Dichtung ebenfalls zu steigern. Die Musik erhält dramatische Accente.

Die Instrumentalmusik jener Zeit hatte noch mit allen Schwierigkeiten der Anfängerschaft zu kämpfen und genug mit sich selbst zu thun, um zu einem eigenen Stile zu gelangen. Vor der Hand war die Instrumentalmusik in der Hauptsache nur eine auf die Instrumente

übertragene Vocalmusik. In der Orchestersonate Ga=
brieli's entwickelte sie die erste selbständige Form, der all=
mählich andere folgten. Man kann sagen, daß alle
späteren Instrumentalformen, das Scherzo Beethoven's
ausgenommen, im 17. Jahrhundert wurzeln. Das
Charakteristische dieser Instrumentalmusik besteht darin,
daß sie sich bemüht, ohne die Heranziehung der Poesie
rein durch sich selbst verständlich zu werden. Allerdings
tritt schon in der zweiten Hälfte des 17. Jahrhunderts
bei einigen Instrumentalmusikern eine vorübergehende
Neigung zur wirklichen Programmmusik hervor — das
19. Jahrhundert kann also nicht die Priorität dieser
Erscheinung für sich in Anspruch nehmen — doch be=
wahrte sich die Instrumentalmusik im Großen und
Ganzen ihren reinen Charakter bis gegen die Mitte
des 18. Jahrhunderts, bis zu der Zeit, wo die Sin=
fonie als selbständige Instrumentalform erscheint.

Ursprünglich nur ein einleitendes Orchesterstück
(Ouverture) bezeichnend und in Folge dessen in den
Dimensionen ihrer 3 Sätze beschränkt, löst sich die Sin=
fonie allmählich ganz von der Kirche und dem Theater
ab und wird zu einem selbständigen Instrumentalstück,
dessen Pflege sich hauptsächlich deutsche Musiker angelegen
sein lassen. Sie war zunächst ein Zugeständniß an die
zahlreichen Dilettantenorchester, die zur Zeit einen wesent=
lichen Factor deutschen Musiklebens bildeten. Bald ver=
drängte die technisch leichtere Sinfonie das schwierigere
Concert, die vornehmste Gattung der Instrumental=
musik im 18. Jahrhundert. Von den drei Schulen

Deutschlands, die sich besondere Verdienste um die Pflege der Sinfonie erwarben, wurde die Wiener Schule seit Josef Haydn epochemachend für die Entwicklung dieser Kunstform. Bis aber die Haydn'schen Sinfonie diejenige feste Form erhielt, die wir heute mit diesem Begriffe verbinden, verging eine geraume Zeit. Schwankend in der Anzahl der Sätze, deren Factur zuweilen noch deutlich das Scarlatti'sche Vorbild der italienischen Opernsinfonie erkennen läßt, schwankend auch darüber, ob die Sinfonie ein bestimmtes poetisches Programm „auszudrücken" habe, oder ob sie nur eine Gesellschafts- oder Festmusik sein solle, stellt Haydn erst in den sogenannten 12 Londoner Sinfonien (1791—1794) den Typus der Form so fest, daß er mit Recht als der Begründer der neueren, classischen Sinfonie anzusehen ist. Diese Londoner Sinfonien, nebenbei gesagt wieder reine Instrumentalmusik (ohne ein bestimmtes poetisches Programm), eroberten sich im Fluge die ganze Welt, sie machten die Kunstform der Sinfonie populär. Während die Haydn'schen Sinfonien jenem geistvollen eleganten Conversationston des ancien régime einen musikalischen Ausdruck verleihen, nimmt die Mozart'sche Sinfonie im Allgemeinen eine mehr subjective Haltung an. Mozart redet die Sprache seines eigenen Herzens; aber er hebt die Wirklichkeit in eine idealere Sphäre, er wandelt gewissermaßen in den Gefilden der Seligen, wo es keinen Kampf und keinen Sieg giebt, wo das Menschenherz ausruht von den Sorgen und Plagen dieses Lebens. Und werfen wirklich einmal Erdenleid und Erdenschmerz ihre Schatten in dieses himmlische Reich, so vermögen sie doch nicht die reinen Freuden dieser Seligkeit zu zerstören, denn es haben sich die Wunden, die dem Herzen geschlagen wurden, bereits ausgeblutet, nur eine schmerzvolle Erinnerung ist zurückgeblieben. In diesem Losgelöstwerden aus dem irdischen Dasein mag wohl das Beglückende der Mozartschen Kunst liegen.

Ganz anders ist das subjective Pathos Beethoven's. Seine Sinfonien reden die Sprache der Leidenschaften. Die tiefsten Saiten des Herzens werden zum Tönen gebracht. Seine Sinfonien sind Dramen von erschütternder Tragik. Beethoven selbst der tragische Held im Kampfe gegen das Schicksal (Cmoll-Sinfonie 1808). Sie stehen alle auf dem Boden realer Wirklichkeit. Was aber diese Wirklichkeit für ihn bedeutete, macht das eine Wort Taubheit sofort klar. Je mehr dieses Leiden zunahm, je mehr sich ihm also die Außenwelt verschloß, desto stärker wird der Drang, seine Musik zu verinnerlichen. In seinen ersten beiden Sinfonien (1800/1803) nähert er sich noch Haydn-Mozart, steht aber bereits an den Grenzen ihrer Kunst. Mit der Eroica betritt er die eigenen Wege. Die Seelenkämpfe, die sein Inneres durchtoben, werden von nun an der Gegenstand seiner sinfonischen Dichtungen. Jede dieser Sinfonien hat einen scharf ausgeprägten Charakter, erzählt ihre eigene Geschichte, ist ein Stück eigensten Beethoven'schen Lebens. Daraus erklärt sich ihre Grundverschiedenheit von einander. Indem Beethoven aber an seinem eigenen

Beispiele zeigt, wie eine ungebeugte Willenskraft aus dem Kampfe mit dem härtesten Schicksal siegreich hervorgehen kann, wird er zugleich zum Hohenpriester der Kunst, der die Kraft in sich fühlt, die Menschen zu bessern. „Mir ist gar nicht bange um meine Musik“, sagt er selber, „die kann kein bös’ Schicksal haben, wenn sie sich verständlich macht, der muß frei werden von all’ dem Elende, womit sich andere schleppen.“

Dem Feuergeiste Beethoven’s mußten natürlich die überkommenen Formen der Sinfoniesätze zu eng werden. Schon die Eroica (1803) zeigt Dimensionen, wie sie die bisherige Sinfonie noch nicht gesehen hatte. Mit der Ausweitung der sogenannten Durchführungstheile und der Codalsätze mußten dann auch die übrigen Sätze Schritt halten. Hierbei zeigte es sich, daß der ruhige, gelassene Ton des Menuetts nicht mehr in den Rahmen dieser Musik passen wollte. In dem Scherzo fand Beethoven ein Ausdrucksmittel, den schweren, düsteren Stimmungen einen wirksamen Contrast zu geben. Die tolle Laune, die hier zuweilen herrscht, ist aber nicht der Ausdruck eines harmlosen, ausgelassenen Gemüthes, es ist der Humor des erfahrenen Weltmannes, der gewissermaßen über der Welt steht und von diesem höheren Standpunkte aus das Treiben der Welt mit den Waffen des Witzes geißelt, der sich auch wohl selbst einmal parodirt. Man weiß, daß Beethoven in der neunten Sinfonie, die erstmalig am 7. Mai 1824 in Wien aufgeführt wurde, die alten Formen zerbrach und den Ton mit dem Worte vermählte. An diese

That Beethoven's knüpfen sich bekanntlich die neueren Theorien der Programmmusik.

Die Beethoven'schen Sinfonien hatten eine gründliche Umwälzung des bisherigen Musiktreibens in Deutschland zur Folge. Den großen Schwierigkeiten, die sie an die Ausführenden stellten, waren die Dilettantenorchester nicht mehr gewachsen. Das Concertwesen ging von nun an in die Hände der Berufsmusiker über.

Die Männer, die neben Haydn, Mozart und Beethoven standen, sind heute so gut wie vergessen. In der Wiener Schule wirkte zunächst der Einfluß Haydn's fort. Seine Methode und die Mozart's faßte Dittersdorf zusammen, mit dessen Sinfonien in neuester Zeit der erfolgreiche Versuch der Wiedereinführung in den Concertsaal gemacht worden ist. Beethoven's Einflüsse auf die Wiener Schule traten nicht sogleich hervor. Man copirte ihn zunächst nur in Aeußerlichkeiten. Tiefer erfaßte sein Wesen Franz Schubert, der melodienreichste Sinfoniker des Jahrhunderts, mit dem die Geschichte der Wiener Schule zugleich ihr Ende erreicht. Im Gegensatz zu Beethoven, der jedes neue Werk seinem Dämon abringen mußte, besaß Schubert die Gabe, componiren zu können, wann er wollte. Es scheint sogar, daß er auch seine Sinfonien ohne jede Vorbereitung geschrieben hat. Nur von der Hmoll-Sinfonie liegen Skizzen vor. Seine erste Sinfonie fällt in das Jahr 1813, seine letzte, die große in Cdur, componirte er im Jahre 1828, wenige Monate vor seinem Tode, sie erlebte aber erst am 22. März 1839 ihre erste Aufführung, die Schumann veranlaßt hatte. In der Weite und Breite der Formen, den bekannten „himmlischen Längen", gemahnt diese Sinfonie direct an Beethoven, doch ist jede Nachahmung dieses Meisters glücklich vermieden. Von den übrigen Sinfonien Schubert's begegnet man nur noch den beiden Sätzen der Hmoll-Sinfonie (1822) im Concertsaale. Dieses Werk blieb leider unvollendet und kam erst 1865 zur Aufführung. So schön die Sinfonien Schubert's auch im Einzelnen sind, im Ganzen fehlt ihnen doch die männliche Kraft und der rauschende Flug des Beethoven'schen Genius; sie tragen die Spuren Jean Paul'schen Geistes an sich und halfen jene sentimentale Richtung in der Sinfonie vorbereiten, die in Spohr und Mendelssohn ihre Hauptvertreter fand.

In Frankreich wirkten zur Zeit unserer Classiker: Gossec († 1829), der allerdings durch Haydn vollständig verdrängt wurde, Méhul († 1817), dessen G moll-Sinfonie bis in die sechziger Jahre viel gespielt wurde, und Cherubini († 1842), der mit einer D dur-Sinfonie längere Zeit das Repertoire beherrschte. In Italien ist die Sinfonie durch Boccherini vertreten.

In Norddeutschland hatte die Sinfonie von vornherein einen anderen Character ausgebildet, als in der Wiener Schule. Hier lebten einstweilen noch die Traditionen Bach's fort. Imitation und Fuge bestimmen das Wesen und die Form dieser Sinfonien. Ihr Anstrich ist mehr ein gelehrter, ihr Ton aber zumeist trockener. Die Hauptvertreter dieser Schule sind: der Abt Vogler, die beiden Romberg's, Fr. Schneider. Das hervorragendste Talent dieser Schule war Wenzel Kalliwoda (1801—1866), dessen Sinfonien sich bis in die vierziger Jahre im Concertsaal hielten und mit Recht geschätzt wurden. Sie hätten sicherlich ein längeres Leben gehabt, wenn Kalliwoda allen Theilen seiner 7 Sinfonien eine gleichmäßige Gründlichkeit zugewendet hätte. Mit Kalliwoda schwindet die norddeutsche Schule aus dem Gesichtskreise. Sie wurde abgelöst durch die romantische Schule, der sie allerdings in mancher Beziehung schon vorgearbeitet hatte.

Romantiker. Im Gegensatz zu den Classikern strebten die Romantiker eine engere Verbindung der Kunst mit dem Leben an, ein Gedanke, der mit der zu gleicher Zeit aufblühenden Naturphilosophie auf das Engste verwandt war. Hiermit im Zusammenhange steht ihr Interesse für die Cultur und die Kunst vergangener Zeiten und Nationen. Insbesondere bemühte man sich, die bis dahin noch verborgenen Schätze der älteren romanischen Poesie dem deutschen Geiste zu erschließen und nutzbar zu machen, der sein Anempfindungsvermögen an fremde Stoffe durch die bereits vollzogene Vermählung mit der Antike aufs Glänzendste bewiesen hatte. So konnte Novalis eine jede Kunst romantisch nennen, die auf eine angenehme Art befremdet. Diese Grundsätze theilten auch die romantischen Musiker. Sie lauschen der Stimme der Natur, wenden sich der Sage, dem Märchen zu, bevölkern ihre Welt mit

Geistern, Nixen, Dämonen und Kobolden. So ent=
stehen musikalische Stimmungsbilder, die die Musik bis
in's Detail hinein ausmalt. Es werden dadurch ganz
neue Klangwelten erschlossen. Die Neigung des Com=
ponisten für diese oder jene Stimmung prägt sich auch
in seinen Werken aus.

Die beiden Cdur-Sinfonien Weber's, besonders die
aus dem Jahre 1807, lassen schon die Waldesromantik
und das dämonische Element deutlich erkennen, das in
seinen Opern einen so beredten Ausdruck fand. Spohr
und Mendelssohn sind die sentimentalen Romantiker.
Ueber die Spohr'schen Sinfonien wird später noch
Einiges gesagt werden. Die Mendelssohn'sche Romantik
ist harmloser als die Weber's, ihre Heimath ist die
duftige Zauberwelt der Elfen, die beim Vollmondglanz
ihr Wesen treiben, ein Nachtspuk, den Mendelssohn in
seiner Musik zum „Sommernachtstraum" so unvergleich=
lich schön zur Darstellung gebracht hat. Auf ähnliche
Grundtöne sind seine beiden bedeutendsten Sinfonien
A moll (1842) und A dur (1833) abgestimmt. Von
seinen übrigen Sinfonien begegnet man nur noch der
Sinfonie=Cantate „Lobgesang" im Concertsaale, die
Mendelssohn für die Leipziger Gutenbergfeier 1840
componirt hat. Schumann trat im Jahre 1841 mit
seiner „Frühlings=Sinfonie" (B dur) in die Reihe der
Sinfoniker. Noch in demselben Jahre entstanden die
D moll-Sinfonie und die Sinfoniette Op. 52. Es folgten
1845/46 die pathetische große, mit Beethoven geistes=
verwandte Sinfonie in Cdur und 1850 die fünfsätzige

Es dur-Sinfonie. Daß er unter den Romantikern der=
jenige ist, der Beethoven am nächsten steht, gilt heute
für ausgemacht. Was die Glätte der Formen anbe=
langt, wird Schumann von Mendelssohn zwar über=
troffen, an Originalität und Tiefe der Gedanken läßt
aber Schumann diesen doch hinter sich. Schumann ent=
zückt durch die Frische und Natürlichkeit seiner Ton=
sprache; er ist Virtuos in zarter Schwärmerei; am
wohlsten fühlt er sich in der Gedankenwelt seiner Davids=
bündler. Es dauerte ziemlich lange, bis seine Zeit
diese Naivität Schumann's begriff. Es erregte die
burschikose Art, wie er sich in der Sinfonie bewegte,
in Leipzig sogar Anstoß. Man veranschlagte darum
seine Sinfonien bedeutend niedriger als die Mendels=
sohn'schen Schöpfungen.

Formenbildende Kraft hat die Sinfonie der roman=
tischen Schule nicht bewiesen. Sie acceptirte die Formen
Beethoven's. Mit Ausnahme Schumann's liegt aber
die Stärke der Romantiker nicht in den Ecksätzen, son=
dern in den Mittelsätzen ihrer Sinfonien. Ein Nach=
lassen der schöpferischen Erfindungskraft wird damit be=
merkbar. Dennoch bedeutet die romantische Schule eine
zweite Blüthezeit der Sinfonie.

Programmmusik. Inzwischen hatte in Frank=
reich diejenige Bewegung in der Sinfoniecomposition
eingesetzt, die man mit dem Ausdruck „Programm=
musik" zu bezeichnen pflegt. Hector Berlioz (1803
—1869) war der Begründer der neuen Richtung. Er
hielt sich für den geistigen Erben Beethoven's und

faßte den Entschluß, die Sinfonie im Geiste des deutschen
Meisters fortzusetzen. Da er aber fand, daß die
Beethoven'schen Sinfonien über das Verständniß seiner
Landsleute gingen, so gab er den einzelnen Sätzen
seiner Sinfonien, die die Beethoven'schen Formen er-
hielten, ein bestimmtes Programm, das sie darzustellen
hätten. Es mag gleich bemerkt werden, daß die
Berlioz'schen Sinfonien, denen man den französischen
Autor allerdings nicht anmerkt, doch himmelweit von
dem Beethoven'schen Geiste verschieden sind. Der
Mangel der Berlioz'schen Programmmusik liegt in dem
Programm selbst. Hier kommt der Einfluß der Skandal-
und Sensationssucht der französischen Hyperromantiker
der zwanziger Jahre deutlich zum Vorschein. Es
sprachen aber auch noch andere Gründe mit. In die
Orchesterpartien der italienischen Oper hatten Simon
Mayr und Andere zum Theil ganz neu erfundene, oder
doch weniger gebräuchliche Instrumente eingeführt, insbesondere hatte das Blech eine wesentliche Erweiterung
erfahren. Ein findiger Kopf konnte daher leicht auf
den Gedanken kommen, dieses Orchester der Wacht-
parade auch für die Sinfonie nutzbar zu machen. Um
solchen colossalen Aufwand orchestraler Mittel zu recht-
fertigen, boten diese Banditen- und Räubergeschichten
der französischen Romantiker die beste Gelegenheit.
Diese Greuelromantik liebt Berlioz auch da, wo er nach
einem selbsterfundenen Programm arbeitet. Die be-
kannte Sinfonie fantastique, Berlioz' ureigenstes
Eigenthum, mit der er 1830 debutirte, liefert hierfür

den Beweis. In melodischer Beziehung steht seine Harold-Sinfonie (1834) höher; in dem Programm der Sinfonie lehnt sich Berlioz an Byron's „Childe Harold" an, der letzte, freierfundene Satz verfällt wieder in den Ton der französischen Romantiker. Diese beiden Sinfonien machten Schule. Das Beispiel seiner Sinfonie „Romeo und Julie", in welcher Berlioz den Versuch machte, die dramatische Scene in die Sinfonie einzuführen, hat dagegen bis jetzt nur drei Nachahmer gefunden (Félicien David: die Wüste, Nicodé: das Meer, Mahler: Cmoll-Sinfonie). Es gelang Berlioz nicht, bei Lebzeiten mit seinen Compositionen in Frankreich durchzudringen. Erst nach dem deutschen Kriege 1870/71 erinnerte man sich dort seiner Kunst — wohl aus nationalen Gründen. Er wurde gegen Richard Wagner als Trumpf ausgespielt.

In Deutschland fanden dagegen die Ideen Berlioz' nicht nur Beachtung, sondern sogar Nachfolge; ihr Einfluß reicht bekanntlich bis in die Gegenwart hinein. Als Sinfoniker schloß sich ihnen zuerst Spohr an in seiner Programmsinfonie „Die Weihe der Töne" (1834), der 1841 die „historische Sinfonie", 1842 die Sinfonie für Doppelorchester „Irdisches und Göttliches" folgten. Seine 9. Sinfonie trägt den Titel „Die Jahreszeiten". Trotz aller Programmmusik verläugnet aber Spohr nur selten seine eigene musikalische Natur, die zum Elegischen, Sentimentalen hinneigte. Berlioz'schen Einflüssen verdanken ferner die poetisirenden Concertouverturen Mendelssohn's und Gade's sowie ein großer

Theil der Claviermusik Schumann's ihre Anregung. Nach Berlioz wurde bekanntlich Franz Liszt der eigentliche Träger des Gedankens der Programmmusik. Zum Neuerer wird er dadurch, daß er die Beethoven'schen Formen aufgiebt und die Formen seiner eigenen Sinfonien von dem gewählten Programm abhängig sein läßt. So ist seine Faustsinfonie (1855) dreisätzig, da sie die 3 Charactere — Faust, Gretchen und Mephisto — musikalisch darstellen will. Die Dante=Sinfonie (1856) hat nur die beiden Sätze: Inferno und Purgatorio. Seine 12 sinfonischen Dichtungen, die auf der Kunst der Variation beruhen, sind einsätzig. In der Wahl seiner Programme bekundet Liszt einen feineren Geschmack als Berlioz. Der Grundton seiner sinfonischen Werke wird dadurch ein vornehmerer.

Liszt ist eine der interessantesten Figuren, die die Kunstgeschichte kennt. Als Claviervirtuose erobert er sich die musikalische Welt, wird dann Hofcapellmeister in einer kleinen Residenzstadt (1847—1861), die er schnell zum Centrum des gesammten Musiklebens erhebt, wirkt hier mit begeisterter Hingabe für die classischen Meister und wird zugleich der Herold einer dem Classicismus entgegengesetzten Richtung. „Du bist mir ein erstaunlicher Mensch", schreibt Richard Wagner an ihn, „dem ich in keiner Weise irgend eine andere Erscheinung auf dem Gebiete der Kunst und des Lebens zur Seite stellen kann." Als Orchestercomponist trat Liszt, abgesehen von einer Oper, erst hervor, nachdem sein Weltruf als Claviervirtuose bereits fest begründet war. Dennoch vermied er mit Glück die Gefahren, die gerade dieses Virtuosenthum in sich schloß, Gefahren, denen ein Paganini beispielsweise unterlag. Liszt's Virtuosität ist ein Mittel zum Zweck, nicht Selbstzweck, sie dient ihm gegebenen Falls nur zur höchsten Steigerung der Kunstmittel, ist also himmelweit verschieden von dem bloßen Virtuosengeklingel Paganini's und Anderer. In dieser Beziehung hatte ihm Hector Berlioz die Wege gezeigt. War er es doch, der die Virtuosität des Orchesters zur Dienerin seiner künstlerischen Ideen gemacht hatte. Ueber Berlioz ging aber Liszt insofern hinaus, als er das Höchste, was die Schwesterkünste ihm boten, zum Gegenstande seiner Tongemälde machte. Ein Blick auf die Titel seiner sinfonischen Dichtungen wird dies ohne weiteres bestätigen. Trotz des eminenten Talentes, das diese Schöpfungen offenbaren, und der colossalen Kraft der Darstellung ist das Urtheil über den Werth der Orchestercompositionen Liszt's immer noch ein getheiltes. Der kommenden Zeit wird man es überlassen müssen, darüber zu entscheiden, welche von diesen beiden Meinungen in Zukunft die richtige sein wird. Darüber herrscht dagegen auch jetzt schon kein Zweifel, daß sich Liszt als nachschaffender Künstler in seinen Claviertransscriptionen, als Clavierpädagoge, Virtuose und auch als Mensch einen Namen erworben hat, der für alle Zeiten mit den ersten Größen der Kunst zusammen genannt werden wird.

Während die Liszt'schen sinfonischen Dichtungen Epoche machten, war der künstlerische Nachwuchs auf dem Gebiete der großen Programmsinfonie nur ein spärlicher. Die Hauptvertreter dieser Richtung sind folgende: Joachim Raff, von dessen 7 Sinfonien sich nur die beiden Programmsinfonien „Im Walde“ und „Leonore“ im Concertsaal gehalten haben, doch schon jetzt anfangen selten zu werden. Schuld daran ist die Ungleichheit ihrer Theile, ein Grundfehler, an dem fast alle Tonschöpfungen dieses hochbegabten aber kritiklosen Künstlers leiden. A. Klughardt: „Leonore“, (seine übrigen Sinfonien gehören nicht zur eigentlichen Programmmusik, sind aber wie die genannte hervorragende Leistungen eines reich talentirten Componisten). Rheinberger: „Wallenstein“, H. Hofmann: „Frithjof“, C. Goldmark: „Ländliche Hochzeit“, Richard Strauß: „Aus Italien“, Philipp Scharwenka: „Traum und Wirklichkeit“, Friedrich Koch: „Von der Nordsee“.

Aus Frankreich sind nur ganz wenige Beiträge zu dieser Gattung gekommen (Vincent d'Indy „Wallenstein“). Der romantischen Schule (ohne Programm) sind C. Frank, Saint-Saëns, Widor in neuester Zeit zuzuzählen. Die Franzosen haben die Sinfonie mehr in der Form der Suite ausgebildet und hierin Vorzügliches geleistet. Die hauptsächlichsten Werke dieser Art sind: Bizet »L'Arlésienne«, Godard »Scènes

------

* Ich folge hier der Autorität H. Kretzschmar's, auf dessen bewährtes Urtheil ich mich auch in denjenigen wenigen Fällen allein stützte, wo mir das betreffende Material nicht zugänglich war.

poétiques«, Saint-Saëns »Algérienne«, Massenet
»Scènes pittoresques«, die Balletsuiten Leo Delibes:
„Sylvia“ und „Coppelia“. Alle diese Suiten sind auch
über die Grenzen Frankreichs hinaus gedrungen.

Aus Rußland lieferten Beiträge zu dieser Gattung:
Rimsky-Korsakow „Scheherezade“ und „Antar“,
Peter Tschaikowsky „Manfred“, seine bedeutendste
Sinfonie überhaupt.

Nationale Sinfonie. Außer der Programmsinfonie verdanken wir dem Auslande noch die sogenannte nationale Sinfonie. In die Kunstform eingeleitet wurde diese Strömung durch den dänischen
Meister N. W. Gade, der zum ersten Male in seiner
Cmoll-Sinfonie (1843) nordische Weisen und specifisch
nationale Elemente verarbeitete. Dieses Beispiel fand
Nachahmung. Neben Deutschland betheiligt sich hier
das Ausland von nun an hervorragend an der Pflege
der Sinfonie. Gade selbst kam merkwürdigerweise von
der nationalen Sinfonie wieder ab. Seine späteren
Werke tragen Spohr-Mendelssohn-Züge, die sich auch
in den Sinfonien seiner Schüler Emil Hartmann und
A. Hamerik aufzeigen lassen. Die Bekanntschaft mit
Berlioz, Liszt und Bülow führten jedoch einen Wechsel
in den Anschauungen Hamerik's herbei, er wurde in
die neudeutsche Richtung hineingezogen, ohne indessen
seine nordische Herkunft zu verläugnen.

Viel stärker als Gade und seine dänischen Schüler
prononciren die „Jungskandinavier“ Grieg, Svendsen
und Sinding den nationalen Charakter ihrer Compo-

fitionen. Sie traten, wie Grieg selbst berichtet, in eine
bewußte Opposition gegen den durch Gade-Mendelssohn
verweichlichten Skandinavismus. Eine Charakteristik
dieser und der andern Nationalmusiken kann hier na=
türlich nicht gegeben werden. Der eigenthümliche Reiz,
den die fremden Volksweisen auf uns ausüben, beruht
zum großen Theil auf den eigenartigen Tonsystemen,
welche diesen Nationalmelodien zu Grunde liegen, Ton=
systeme, die sich nicht ohne Weiteres in unsere beiden
Klanggeschlechter Dur und Moll fassen lassen, und aus
diesem Grunde in harmonischer und melodischer Be=
ziehung wesentlich von unsern Auffassungen abweichen.

Grieg selbst hat sich nicht an der eigentlichen Sin=
foniecomposition betheiligt, konnte aber als Vorkämpfer
der Jungskandinavier hier nicht unerwähnt bleiben.
Seine Stärke liegt in der Clavier= und Liedcomposition;
in seinen Orchestersuiten „Peer Gynt" und „Sigurd
Jorsalfar" zeigt er sich aber auch mit der Orchester=
sprache von Grund aus vertraut. Von Svendsen sind
bisher 2 Sinfonien erschienen, die ebenso wie die Sin=
ding'sche Dmoll-Sinfonie. reich an nationalen Zügen
sind und wirkliche Bereicherungen der Sinfonie=Littera=
tur unserer Tage bedeuten.

Friedrich Smetana und Anton Dvořák sind die
Hauptvertreter der Jungczechen. Die Tondichtungen
Smetana's sind erst nach seinem Tode 1884 allgemein
bekannt geworden. Der Cyclus „Mein Vaterland" ist
wohl seine bedeutendste sinfonische Leistung; von seinen
Opern haben „Die verkaufte Braut" und „Dalibor"

auch auf den deutschen Bühnen Eingang gefunden. Anton Dvořák hat sich auf allen Gebieten der Tonkunst einen geachteten Namen erworben. Von den jetzt lebenden Musikern ist er sicherlich einer der hervorragendsten. Am bekanntesten ist seine Ddur-Sinfonie und die mit amerikanischen Volksliedern stark durchsetzte Sinfonie „Aus der neuen Welt"·

Von russischen Componisten haben Beiträge zur nationalen Sinfonie geliefert: Balakirew, Borodin, Cui, Rimsky-Korsakow, Glazunow. Eine weitere Verbreitung fanden insbesondere die Sinfonien der beiden Letzteren und die Esdur-Sinfonie Borodin's. P. Tschaikowsky (1840—1893) darf der russisch-nationalen Schule nur bedingtermaßen zugezählt werden. Wie Gade der skandinavischen, so wies auch Tschaikowsky der russischen Volksmusik nur einen untergeordneten Platz in seinen Sinfonien an, da er richtig erkannte, daß sich die vaterländischen Weisen nur gezwungen in den Bau der Sinfonie einfügten. Seiner Kunstanschauung nach nähert er sich Schumann und der neudeutschen Richtung, ist also wieder ein internationaler Componist, wie ihn die Russen schon in Anton Rubinstein besaßen, dessen Schüler er war. Von seinen 5 Sinfonien erregte namentlich die »pathétique« überall ein berechtigtes Aufsehen; sie ist augenblicklich eine der populärsten Sinfonien überhaupt.

Das nationale Element in der Sinfonie der Italiener vertritt am stärksten G. Sgambati in seiner auch im Auslande bekannt gewordenen Ddur-Sinfonie.

Ihren italienischen Ursprung verräth auch die Dmoll-Sinfonie von Martucci, doch tritt die Beethovennachbildung hier deutlich zu Tage.

Ueber die sinfonischen Dichtungen der Franzosen ist schon Einiges gesagt worden. Die jungdeutsche Schule, die die Traditionen Berlioz-Liszt's fortzuführen bestrebt ist, wird vertreten durch Richard Strauß, F. Weingartner, P. Geißler, F. Pfohl, Schulz-Beuthen, Mahler. Unter ihnen ist Richard Strauß, hinsichtlich der Begabung, musikalischer Fähigkeiten und Fertigkeiten (Instrumentation) ohne Frage der bedeutendste. Man wird dies anerkennen müssen, auch wenn man den von ihm vertretenen Standpunkt, die Musik könne Alles und Jedes ausdrücken, nicht billigt. Ungetheilten Beifall hat bisher noch keine seiner sinfonischen Dichtungen gefunden, die hauptsächlichsten derselben sind folgende: „Don Juan", „Tod und Verklärung", „Also sprach Zarathustra", „Don Quixote", „Heldenleben". In der Wahl des Stoffes („Also sprach Zarathustra"), der Wahl der Mittel („Heldenleben") und der musikalischen Characteristik im Einzelnen geht Strauß über Liszt weit hinaus. Inwieweit Strauß auf die weitere Entwicklung der Sinfonie einwirken wird, läßt sich vor der Hand noch nicht abschätzen; daß aber diese schon bis auf die äußerste Potenz gesteigerten Kunstmittel noch überboten werden können, erscheint zum mindesten zweifelhaft.

Nachclassische Sinfonie. Zu der Programmmusik und der nationalen Sinfonie gesellt sich als eine dritte, den beiden die Wage haltende Macht die Sinfonie claſſiſcher Richtung, die die Traditionen Beethoven's, Schubert's und der Romantiker feſthält. Kennt man den Einfluß, den Mendelsſohn-Schumann auf ihre Zeit ausübten, ſo wird es begreiflich, daß ſich auch ihren Spuren viele der damaligen Sinfoniecomponiſten anſchloſſen. Geiſtig verwandt mit den Werken der beiden Romantiker ſind die Sinfonien: der Taubert, Rietz, Hiller, Dietrich, deſſen Dmoll-Sinfonie viel geſpielt wurde, Bargiel und Reinecke. Von den Sinfonien Reinecke's, dieſes noch in Jugendfriſche ſchaffenden Altmeiſters, iſt beſonders die in Gmoll hervorzuheben, ein Werk, das noch in jüngſter Zeit im Concertſaale einen vollen Erfolg zu verzeichnen hatte. Auch Anton Rubinſtein's Fdur-Sinfonie gehört der Mendelsſohn'ſchen Schule an. In ſeinen anderen Sinfonien wird dagegen Beethoven das Vorbild. Am bekannteſten ſind von den Sinfonien Rubinſtein's: (1830—1894) die Sinfonie „Ocean" und die „dramatiſche Sinfonie". Trotz ihrer Ueberſchrift gehört die Ocean-Sinfonie nicht zur eigentlichen Programmmuſik; die Ueberſchrift dient nur dazu, der Fantaſie des Hörers eine beſtimmte Directive zu geben. Sehr glücklich iſt eine eingehende Detailmalerei vermieden. Die Formen der Sinfonien Rubinſtein's ſind die Beethoven'ſchen. Ihrem künſtleriſchen Gehalte nach ſind der erſte Satz der Oceanſinfonie, ſowie die ganze „dramatiſche Sinfonie" genialiſche Kraftleiſtungen eines fantaſiereichen Künſtlers; ſie enthalten wirklich große Gedanken, die

in einer klaren und bestimmten Form meisterhaft zum
Ausdruck gebracht werden.

Zu den besten Erzeugnissen der nachclassischen Sin=
fonie sind R. Volkmann's Dmoll und Bdur-Sinfonien
zu zählen. Auch die Fdur-Sinfonie von H. Götz ist
eine treffliche Leistung dieses für die Kunst zu früh ver=
storbenen Meisters. Die Sinfonien von M. Bruch und
Friedrich Gernsheim wurden zu Anfang der neun=
ziger Jahre häufiger gespielt, sind aber in letzter Zeit,
trotzdem sie viele Schönheiten enthalten, beinahe ganz
vom Repertoire verschwunden. Wie Recht hat Schu=
mann! „Bei der großen Schnelle der Entwicklung der
Musik, wie keine andere Kunst ein Beispiel aufstellen
kann, muß es wohl vorkommen, daß selbst das Bessere
selten länger als vielleicht ein Jahrzehnd im Munde
der Mitwelt lebt." Umgekehrt ist es Felix Dräseke
(geboren 1835) ergangen; dessen Sinfonien Anfangs
nur geringe Beachtung fanden und bald bei Seite ge=
legt wurden. Nachdem sich aber Dräseke in seiner
»Sinfonia tragica« (1887) als ein Meister des sinfo=
nischen Stiles ausgewiesen hatte, erinnerte man sich
auch seiner früheren Sinfonien, denen nunmehr eine
bleibende Stätte im Concertsaale mit Recht gesichert zu
sein scheint.

Völlig vergessen als Sinfoniker ist heute Franz
Lachner (1803—1890), obwohl seine Dmoll-Sinfonie
seiner Zeit (1834) preisgekrönt wurde. Seine Bedeu=
tung liegt auf einem anderen Gebiete der Orchester=
musik, der modernen Suite, eine Kunstgattung leich=

teren Genres, die Lachner mit besonderem Glücke ge=
pflegt hat. Er ist der Schöpfer dieser sich an Bach
und Händel anlehnenden modernen Suite. Man weiß,
daß Mendelssohn die Orchesterfuiten Seb. Bach's (Ddur
und Hmoll) wieder erweckte. Mit dieser That Mendels=
sohn's stehen sicherlich die Lachner'schen Suiten in Ver=
bindung, die ihrerseits zur Nach= und Umbildung an=
regten. Diese Umbildung bestand in der Hauptsache
darin, daß man es aufgab, die alten Muster (Alle=
mande, Courante, Sarabande und Gigue) zu copiren
und dafür die von den Wiener Classikern in ihren Di=
vertimenti, Cassationen und Serenaden beliebten Sätze
annahm. Neben Lachner sind als Suitencomponisten
zu nennen: J. Raff, W. Bargiel, J. O. Grimm
und J. Jadassohn. Den neuen Geist der Suite zei=
gen die Serenaden von Johannes Brahms, Robert
Volkmann und Robert Fuchs (auch eine schöne
Cdur-Sinfonie). Weiter sind zu nennen: A. Klug=
hardt, H. Hofmann, E. Kretzschmer, M. Mosz=
kowski. Auch im Auslande fand die Suite, wie wir
gesehen haben, viele Anhänger. Nach diesem kleinen
Abstecher kehren wir zur Sinfonie zurück.

Johannes Brahms (1833—1897) hatte bereits das
vierzigste Lebensjahr überschritten, ließ aber noch immer
mit einer Sinfonie auf sich warten. Anläufe dazu hatte
er zwar in den beiden Serenaden und den Orchester=
variationen über ein Haydn'sches Thema bereits
genommen, aber dabei schien es einstweilen bleiben zu
sollen. Daß Brahms an einer Sinfonie schon lange

arbeitete, wußten nur die intimsten Freunde des Meisters, den weiterstehenden Kreisen seiner Verehrer konnten daher sehr wohl Zweifel kommen, ob sich Brahms überhaupt noch der Sinfonie zuwenden, und welchen Weg er dabei einschlagen würde. Das Erscheinen der Cmoll-Sinfonie (1877) löste diese Zweifel. Dieses Werk erregte nicht nur die Bewunderung der Freunde des Meisters, es ließ auch vorurtheilslose Kritiker, die sich bisher dem Compositionstalente Brahms' gegenüber kühl verhalten hatten, aus dieser Reserve heraustreten. Es brachte ihm vor Allem die Freundschaft H. von Bülow's ein, der von dieser Zeit an ein eifriger Parteigänger Brahms' wurde. Mit dem ihm eigenen feinen Künstlergeiste beurtheilte Bülow diese Brahms'sche Sinfonie ganz richtig, wenn er sie die „zehnte" Beethoven's nannte. Denn es hatte Brahms in der That durch sein Werk bewiesen, daß sich in der alten Form der Sinfonie sehr wohl noch Neues sagen ließ, und daß Diejenigen sehr Unrecht hatten, die da meinten, Beethoven habe mit der „Neunten" den sinfonischen Gehalt völlig erschöpft. Nicht minderes Aufsehen erregten auch die übrigen Sinfonien Brahms'. Die zweite in D dur erschien 1878, die dritte (F dur) 1884 und die vierte (Emoll) 1886. Konnte man in den ersten beiden Sinfonien noch von Einflüssen Schumann's reden, so sind die beiden letzten ausgereifte Früchte einer ganz selbständigen künstlerischen Individualität. „Von Bach erbte er die Tiefe, von Haydn die Heiterkeit, von Mozart die Anmuth, von Beethoven die Kraft und von Schubert die Innig-

keit seiner Kunst. Fürwahr, eine wundersam veran=
lagte Natur war es, die fähig war, eine solche Fülle
großer Eigenschaften in sich aufzunehmen und doch da=
bei das Beste nicht zu verlieren: die starke Eigenart,
die den ‚großen Meister‘ macht!" (Reimann, Johan=
nes Brahms). Auf Brahms'schen Bahnen, ohne in
eine sklavische Abhängigkeit dabei zu gerathen, wandelt
Heinrich von Herzogenberg (geboren 1843), dessen
Sinfonien in Cmoll und Bdur verdiente Beachtung ge=
funden haben. Eine Brahms entgegengesetzte Erschei=
nung war Anton Bruckner (1824—1896). Die histo=
rische Bedeutung seiner 9 Sinfonien liegt darin, daß
Bruckner die Bühnenmusik Richard Wagner's für die
absolute Musik zu verwenden suchte. Als Wagnerianer
wies er sich damit schon äußerlich aus, daß er seine
dritte Sinfonie (Dmoll) Richard Wagner widmete. Hier=
mit wurde natürlich die Aufmerksamkeit der einfluß=
reichen Wagnerpresse auf Bruckner gelenkt. Und da
Bruckner mit entschiedenem Talente fortfuhr, Sinfonien
zu schreiben und bereits seine siebente Sinfonie vollendet
hatte, so hielt man den Zeitpunkt für geeignet, ihn
gegen Brahms auszuspielen. Man behauptete ernstlich,
daß die Brahms'schen Sinfonien nur aus bloßer Kunst=
fertigkeit, nicht aber aus innerem Drange hervorgegangen
seien und darum viel tiefer ständen als die Bruckner=
schen Sinfonien, die als wirkliche „Offenbarungen" eines
warm und tief empfindenden Künstlerherzens angesehen
werden müßten. Es ist nicht der Ort, die Vorzüge der
beiden Meister gegeneinander abzuwägen. Die Brahms=

ſchen Sinfonien gehören heute zu den ſtärkſten Stützen
des Sinfonierepertoires, von den Bruckner'ſchen hat ſich
noch keine, trotz ihrer glänzenden Inſtrumentation, ihres
modernen Zuſchnittes und ihrer Meiſterſchaft im Con=
trapunkt eines ungetheilten Beifalls im Concertſaale zu
erfreuen. Jedenfalls ſind aber Brahms und Bruckner
die beiden bedeutendſten Sinfoniker im letzten Viertel
des 19. Jahrhunderts. Ob die weitere Entwicklung der
Sinfonie durch dieſe beiden Höhepunkte durchgehen wird,
oder ob andere Factoren eine ganz neue Geſtaltung der
Sinfonie herbeiführen werden, ſind Fragen, auf die nur
die Zukunft eine richtige Antwort geben kann.

Die übrige Inſtrumentalmuſik. Wir ſind bei
der Sinfonie mit Abſicht etwas ausführlicher geweſen,
weil ſich die dort verſuchte Charakteriſtik auch auf die
übrige Inſtrumentalmuſik der betreffenden Meiſter
ausdehnen läßt und weil bei dem gewaltigen Umfange
dieſes Gebietes ein näheres Eingehen auf einzelne Werke
die Grenzen dieſes Aufſatzes um ein Bedeutendes über=
ſteigen müßte. So iſt z. B. Beethoven in ſeinen
Quartetten Op. 18, ſeinen Clavierconcerten Op. 15 und
19, dem berühmten Septett Op. 20, den erſten Clavier=
und Violinſonaten u. ſ. w. ungefähr auf dem Stand=
punkte ſeiner erſten beiden Sinfonien. Die in die mittlere
Lebensperiode Beethoven's fallenden Inſtrumentalwerke
— Quartette Op. 59, 74, 95, Clavierconcerte Op. 37,
58, 73, Sonaten, Violinconcert, Egmontmuſik, Ouver=
turen u. ſ. w. — tragen im Großen und Ganzen die

Züge der Sinfonien dieser Zeit (Eroica bis zur 8. Sinfonie). In ihrer Größe und Fülle der musikalischen Formen, ihrer verfeinerten Kunst der thematischen Arbeit stehen die letzten 5 Quartette und Sonaten, die Missa solemnis, die Ouverturen Op. 115 und 124 u. s. w. im Zusammenhang mit der „faustischen" neunten Sinfonie.

In der Kammermusik bilden die Werke Haydn's, Mozart's und Beethoven's noch immer den eisernen Bestand der Concertprogramme. Bereichert wurde derselbe durch Dittersdorf, Cherubini, Schubert, Mendelssohn und Schumann. Neue Schätze führte ihm Johannes Brahms zu. Insbesondere denken wir hierbei an die schönen Kammermusikwerke, in denen sich das Clavier mit anderen Instrumenten verbindet, ferner an das Bdur-Sextett, Clarinettenquintett u, s. w. Nicht unerwähnt dürfen bleiben die gediegenen Kammermusikwerke der Volkmann, Draeseke, Klughardt, Goldmark, von Herzogenberg, Kiel, R. Fuchs, Rheinberger, Reinecke, Gernsheim. Von der neudeutschen Schule betraten R. Strauß und F. Weingartner dieses Gebiet. Größeres Interesse erweckten die Werke der czechischen Componisten Smetana und A. Dvořák, die sich voraussichtlich dauernd im Concertsaal einbürgern werden. Smetana's schönem Schaffen setzte leider 1884 der Tod ein Ende. Dvořák (geboren 1841) scheint ein Berufener zu sein. Seine späteren Werke zeigen entschiedene Fortschritte gegen die früheren. Sein letzt veröffentlichtes Asdur-Quartett Op. 105 ist eine Perle der Quartettlitteratur. Von den nordischen Meistern haben sich N. W. Gade, E. Grieg (3 Violinsonaten, darunter besonders die in Cmoll, und ein Quartett), S. Svendsen mit seinem Octett und Sinding rühmlich hervorgethan. Von den Italienern sind Verdi und neuerdings Sgambati, von den Franzosen C. Saint=Saëns, Vincent d' Indy und M. Widor mit Auszeichnung zu nennen. Ein auffallend reges Leben auf dem Gebiete der Kammermusik entfalten die Russen: Tschaikowsky, Borodin, Cui, Glazunow, Rimsky=Korsakow u. s. w. Es ist das Verdienst der Liszt, Bülow, A. Rubinstein, Nikisch, Richter und Weingartner, das allgemeine Interesse auf das reiche musikalische Leben in Rußland hingelenkt zu haben.

Der eigentliche Schöpfer dieser national=russischen Musik war M. J. Glinka (1804—1857), dessen Capriccio über das Volkslied „Kamarinskaja" Schule machte. Auch seine Opern „Das Leben für den Czaren" und „Rußlan und Ludmilla" haben nationales Colorit. Sie sind in Rußland vielleicht ebenso populär, wie bei uns „der Freischütz". Da ich auf die russische Oper nicht wieder zu sprechen komme, so mag hier erwähnt werden, daß sich auch Tschaikowsky's Opern „Eugen Onegin" und „Pique Dame" (beide nach Puschkin'schen Dichtungen) in Rußland der allgemeinsten Beliebtheit erfreuen.

Concert. Unter allen Violinconcerten stehen das Beethoven'sche und das Mendelssohn'sche noch immer obenan. Von den 15 Concerten Spohr's leben

wohl nur noch zwei: das 8. (in Form einer Gesangs=
scene) und das 9. in Dmoll. Viotti, Kreutzer und
Rode werden kaum mehr im Concertsaal gehört. Ihre
Concerte liefern das Uebungsmaterial für die Auf=
führungen der Conservatorien. H. W. Ernst's und
Paganini's einst gefeierte Concerte sind fast ganz bei
Seite gelegt. Joachim's Concert in ungarischer Weise
hat wegen seiner großen technischen Schwierigkeiten nur
wenige Interpreten gefunden. Von M. Bruch's drei
Concerten ist das erste in Gmoll am meisten beliebt
und geschätzt. An seiner Lebensfähigkeit herrscht kein
Zweifel. Oefter kamen im Concertsaal vor die Concerte
der Saint=Saëns, Goldmark, ein höchst respectables
Werk, Vieuxtemps, Wieniawsky, Rubinstein
und Svendsen. Den Platz neben Beethoven und
Mendelssohn eroberte sich das Brahms'sche Violin=
concert in Ddur. Von Tschaikowsky erregte Op. 35
berechtigtes Aufsehen. Ein vorübergehendes Interesse
fand das Violinconcert von R. Strauß. Auch
A. Dvořák betheiligte sich mit Erfolg an dieser Kunst=
gattung.

Wenn wir die Frage aufwerfen: „welches sind denn
diejenigen Clavierconcerte, die neben den Beet=
hoven'schen am meisten gespielt werden", so werden
wir trotz der überreichen Litteratur auf diesem Gebiet
nur einige wenige aufzählen können. Weber's ritter=
liches Concertstück steht hoch in der Gunst aller Spieler,
auch seine beiden Concerte in Es- und Cdur werden
noch viel gespielt. Hummel's Amoll- und Hmoll-

Concerten begegnet man noch zuweilen. Neue unver=
gängliche Schätze brachte Frédéric Chopin (1810—
1849) in seinen beiden Concerten (E- und Fmoll). Da
eine Würdigung des Kunstschaffens dieses „Clavier=
barden" an dieser Stelle unmöglich ist, so soll wenigstens
die kurze, zutreffende Charakteristik, die Schumann da=
von gab, hier folgen: „Beethoven bildete seinen
(Chopin's) Geist in Kühnheit, Schubert sein Herz in
Zartheit, Field seine Hand in Fertigkeit." Es dürfte
kaum einen hervorragenden Clavierspieler geben, zu
dessen Repertoire diese beiden Concerte nicht gehörten.
R. Schumann's Amoll-Concert ist eines der schönsten
und reifsten Werke dieses Clavierpoeten. Auch Liszt's
Esdur- und Adur-Concert und „ungarische Fantasie"
sind häufige Gäste im Concertsaale. Wird Rubin=
stein's Name genannt, so denkt man unwillkürlich an
seine beiden, wohl auch unvergänglichen Concerte in
Gdur und Dmoll. In den Brahms'schen Concerten
ist die „Stimmung der Sinfonie" auf das Concert über=
tragen. Dies erklärt auch die Einfügung eines vierten
Satzes. Da sie nicht eigentlich „dankbar" sind, so haben
sich bisher nur wenige „Künstler" an diese Schöpfungen
gemacht. Von Mendelssohn werden namentlich die
Concerte in Gmoll und Dmoll und das Capriccio Op. 22
immer gern gehört. Oefter kehrte A. Henselt's Fmoll-
Concert wieder. Von neueren Meistern haben sich die
Concerte Grieg's (Amoll), Saint=Saëns', Tschai=
kowsky's Heimathsrechte erworben. Merkwürdiger
Weise ist das schöne Esdur-Concert von Volkmann

bis jetzt so sehr vernachlässigt worden. Häufiger gespielt, aber meist von den Componisten selber, wurden die Concerte von X. Scharwenka (Bmoll), d'Albert (3 Concerte) und Paderewski (Amoll).

Gegen das Violoncellconcert haben sich die classischen Meister ablehnend verhalten. Wohl aus dem Grunde, weil sich das Violoncello, obgleich ein vortreffliches und unentbehrliches Orchesterinstrument, doch mehr zur getragenen Cantilene als zum concertirenden Soloinstrument eignet. Nur Schumann hat ein Concert in Amoll Op. 129 geschrieben, und zwar ist auch hier der getragene Satz der schönste. In neuerer Zeit ist auf diesem Gebiete eine größere Litteratur entstanden. Genannt wenigstens seien die Concerte von: Goltermann, Molique, Raff, Popper, Reinecke, Saint=Saëns, Servais, Davidow, Klengel, Dvořák, Volkmann.

Die Programmmusik zeitigte das Genre der poetisirenden Concertouverturen. Durch Berlioz angeregt waren Mendelssohn, Gade und Bennett die ersten, die sich dieser Gattung zuwandten (Hebriden, Meeresstille, Ossian, Im Hochland, Hamlet u. s. w.). Augenblicklich ist auch dieser Bestand bedeutend angewachsen (Volkmann, „Richard III.", Tschaikowsky „1812" und Andere). Eine weitere Gattung bilden die „Festouverturen" (z. B. Lassen: über ein thüringisches Volkslied, Volkmann: Festouverture, Nicolai: Ein feste Burg und Andere). Nicht zur eigentlichen programmatischen Musik gehören die beiden Ouverturen von J. Brahms „akademische Festouverture" (der musikalische Dank des Componisten für seine Ernennung zum Ehrendoctor der Universität Breslau) und die „tragische Ouverture".

Claviermusik: Nach Schubert's Tode schien ein trostloses Interregnum in der Musik hereinbrechen zu wollen. Der gediegene Musiksinn verlor sich schnell und machte der Neigung zum oberflächlichen Genießen Platz. Namentlich sah es schlimm in der damaligen Clavier=musik aus. Als ob die Classiker, neben denen sich auch Clementi und Dussek einen ehrenvollen Platz errungen hatten, Schubert und Weber nicht gelebt und gewirkt hatten, herrschten auf den Clavieren die Herz, Hünten, Kalkbrenner, Czerny und Andere. An=gebahnt war diese virtuosenhafte Richtung durch Hum=mel, den Schüler Mozart's, J. B. Cramer und J. Field, den Schülern Clementi's. Aber in den

---

* Zu der Schule Clementi's und Hummel's gesellt sich als dritte, die Czerny'sche. Alle drei haben eine segensreiche Thätigkeit entfaltet. Die bedeutendsten Schüler Clementi's, dessen Gradus ad Parnassum ein unvergängliches Denkmal seiner Lehrthätigkeit blei-ben wird, sind: L. Berger, der Lehrer Mendelssohn's, Taubert's, H. Dorn's und A. Löschhorn's. Auch Kalkbrenner und Mo-scheles (letzterer in seinen Etuden noch heute lebend) genossen vor-übergehend den Unterricht Clementi's, doch ist hier schon ein Hin-neigen zu der mehr auf das Virtuose gerichteten Schule Hummel's erkennbar. Zu dieser Schule gehören: F. Hiller, A. Henselt u. A. Dieser virtuosen Richtung verhalf Czerny zum endlichen Siege über die einfachere aber gediegene Schule Clementi's. Von Czerny's Schülern sind die hervorragendsten: Liszt, Thalberg, Döhler, Kullak.

Werken dieser Meister pulsirte doch noch ein echt künst=
lerisches Leben, die Compositionen jener, übrigens die
Vorläufer der gewöhnlichen, sich heute so sehr breit=
machenden „Salonmusik", hatten es nur auf die Ent=
faltung rein technischer Kunstfertigkeiten abgesehen.
Diese Art von Virtuosenthum erreichte ihren Höhepunkt
in den dreißiger Jahren; Thalberg an der Spitze.
Gegen diese äußerlich blendende, innerlich arme Kunst=
übung traten bekanntlich die Romantiker Chopin,
Mendelssohn, Schumann und Liszt auf. Durch
die stupende Kunstfertigkeit Paganini's verführt, hul=
digte zwar Liszt auch Anfangs der ausgelassensten Vir=
tuosenkunst, der Anblick Chopins brachte ihn wieder
zur Besinnung. Er wurde der Schöpfer jener neueren
Claviertechnik, an der Chopin und Schumann hervor=
ragend betheiligt waren. Während die Letzteren die
Individualität des Claviers im Großen und Ganzen
wahrten, durchaus claviermäßig schrieben und gleich=
sam die Seele des Claviers entdeckten, suchte Liszt die
Klangfähigkeit des Instrumentes zu orchestralen Wir=
kungen zu steigern, die sich schon in den Sonaten Beet=
hoven's, Schubert's und Weber's, im Gegensatze zu
jener Clavierseligkeit Mozart's deutlich zeigen. Liszt
stellte nicht nur Thalberg, sondern auch alle damaligen
Claviervirtuosen in den Schatten. Später gewann sich
Anton Rubinstein einen Platz neben ihm. Als sich
Liszt von dem öffentlichen Concertleben zurückzog und
sein genialer Schüler C. Tausig 1871 gestorben war,
wurde Hans von Bülow der öffentliche Vertreter der

Lifzt'schen Schule. Im Jahre 1872 begann er seine segensreiche Thätigkeit als Interpret der classischen Meisterwerke. Im Gegensatze zu dem mehr von augenblicklichen Stimmungen abhängenden, durchaus subjectiven Rubinstein war Bülow der große objective Künstler, der sein eigenes Ich der zur Darstellung zu bringenden künstlerischen Idee aufopfert.

Von den deutschen Nachromantikern mögen Volkmann, A. Henselt, Th. Kirchner und Stephen Heller genannt werden. Sie bewegen sich mehr oder weniger in den Bahnen Chopin's, Schumann's und Mendelssohn's. Originellere Künstlernaturen sind A. Jensen (Suiten, Wanderbilder, Idyllen) und besonders J. Brahms. Selbst zwar kein eigentlicher Virtuose, hat Brahms eine eigene Claviertechnik ausgebildet, deren Character ein durchaus männlicher ist. Die irrige Ansicht, ihn als Nachfolger Schumann's zu betrachten, hat schon Spitta mit Entschiedenheit zurückgewiesen und darauf aufmerksam gemacht, daß es gerade die Selbstständigkeit und die hohe Meisterschaft waren, die Schumann zum Bewunderer der Brahms'schen Kunst machten. Die Grundverschiedenheit der beiderseitigen Claviertechnik lassen unter Anderem die beiden Concerte Brahms', die Papaninivariationen, die Balladen, die Studien über Chopin, Weber und Bach deutlich erkennen. Daß Brahms auch in seiner Claviermusik nicht poetisirt, mag noch, die Thatsache bestätigend, angemerkt werden. Etwa in der Mitte zwischen diesen beiden Meistern steht Joachim Raff. Es ist sehr zu bedauern, daß dieser gottbegnadete Künstler durch die Verhältnisse zu jener verhängnißvollen Vielschreiberei verurtheilt wurde, die ihm die volle Entfaltung seines großen Talentes unmöglich machte. Nur wenige seiner Werke, darunter die Sonaten für Clavier und Violine, sind wirklich ausgereifte Früchte. Eine viel abgeklärtere Künstlernatur ist Josef Rheinberger (Sonaten und Clavierstücke). Wie dieser Meister ist auch Eugen d'Albert (geboren 1864), ein Vertreter der absoluten Musik (Suite Op. 1, Clavierstücke). Von seinen 3 Clavierconcerten hat besonders das zweite viele Vorzüge. Hervorzuheben sind auch seine „Bach-Bearbeitungen", die sehr wohl neben den gediegenen Busoni'schen bestehen können. Auch R. Strauß ist in seinen werthvollen Claviercompositionen noch auf dem Standpunkte der absoluten Musik, den er bekanntlich später verlassen hat. Nationalpolnisches Colorit haben die Compositionen Xaver Scharwenka's (Bmoll-Concert, das Liszt's besondern Beifall fand) und Paderewski's (Amoll-Concert). Eine Reihe graciöser Clavierstücke veröffentlichte Philipp Scharwenka. M. Moszkowski begründete seinen Ruf als Componist durch seine vierhändigen „spanischen Tänze", durch die sein Name populär wurde. Von dem Componisten des „Evangelimann" W. Kienzl liegen zahlreiche, trotz ihrer Anspruchslosigkeit wirkungsvolle Claviercompositionen vor: „Kahnscenen", „Aus meinem Tagebuche" und 2 Hefte „Dichterreise" (wohl sein reifstes Werk).

Einflüsse Chopin's, namentlich aber auch Men-

delssohn's, sind in den Claviercompositionen der fran=
zösischen Nachromantiker bemerkbar. Ihre Hauptver=
treter sind: Saint=Saëns, V. d'Indy, Widor,
P. Lacombe, C. Franck und Andere. Die schon
öfter genannten Russen, zu denen noch Mussorgski
und Naprawnik kommen, haben ebenfalls mit Erfolg
das Genre der kleineren Clavierstücke cultivirt. Von
den Skandinaviern vertritt es E. Grieg, „der nor=
dische Chopin", am glücklichsten. Seine originellen,
klangschönen, nationalgefärbten Clavierpoesien haben
mit Recht die weiteste Verbreitung gefunden. Weniger
bekannt sind bisher die gediegenen Clavierwerke Kje=
rulf's geworden.

Orgelmusik. Zu der reichen Litteratur der Orgel=
musik des 17. und 18. Jahrhunderts hat das verflossene
neunzehnte werthvolle Beiträge geliefert. Verbot sich
eine Würdigung derselben schon aus Raumrücksichten
von selbst, so glaubten wir auch darauf verzichten zu
können, da sich die Orgelmusik ganz ähnlich entwickelt
hat, wie die Claviermusik. Hier wie dort bildete sich
ein neuer Stil heraus, an dem die Vervollkommnung
der Instrumente nicht den kleinsten Antheil hat. „Früher
haben die Virtuosen durch ihre Anforderungen die In=
strumentenmacher zur Vervollkommnung angeeifert, jetzt
suchen die Instrumentenmacher durch allerhand Erfin=
dungen die Virtuosen zu veranlassen, ihre Technik zu
vervollkommnen." Dieser zutreffende, kurze Ausspruch
A. Rubinstein's charakterisirt die Entwicklung der mo=
dernen Orgelmusik besser, als es viele Worte vermögen.

Wir laſſen daher hier nur eine Liſte der ausgezeichnetſten Orgelcomponiſten folgen, die natürlich keinen Anſpruch auf Vollſtändigkeit erheben will: Beſt (ein berühmter engliſcher Orgelkünſtler), E. Boſſi, Dienel, D. H. Engel, Faißt, M. G. Fiſcher († 1829), Guilmant (einer der allererſten Orgelcomponiſten der Neuzeit), J. G. Herzog, A. F. Heſſe, J. H. Knecht, S. de Lange, Mendelsſohn, G. A. Merkel, R. Palme, Piutti, Reimann, Reubke, Rheinberger, J. C. H. Rinck († 1846, noch ein indirecter Schüler Seb. Bach's), A. G. Ritter, Saint Saëns, Fr. Schneider, R. Schumann, L. Thiele, Töpfer, J. G. Vierling († 1813), Abt Vogler, W. Volckmar, Widor, C. H. Zöllner († 1836).

Aber trotz aller vorzüglicher Leiſtungen des neunzehnten Jahrhunderts auf dem Gebiete der Orgelmuſik bedeutet die Kunſt Sebaſtian Bach's immer noch den unerreichten Gipfelpunkt. Seine Werke ſind auch heute noch die „hohe Schule" aller Orgelſpieler, ſchönſte Blüthen aller Orgelmuſik. Nur in harmoniſcher und coloriſtiſcher Beziehung hat ſich die Orgelmuſik über Seb. Bach hinaus entwickelt.

## II. Oper.

### Französische Oper.

Auf dem Gebiete der seriösen Oper war seit dem Tode Gluck's (1787) und Mozart's (1791) ein Stillstand in Deutschland eingetreten. Mozart fand keine Nachfolger; Beethoven's Fidelio blieb eine vereinzelte Erscheinung; Gluck's Reformen kamen vor der Hand der großen französischen Oper zu Gute, deren Hauptvertreter am Beginn des 19. Jahrhunderts mit Ausnahme von Lesueur, dem Vorläufer von Hector Berlioz, und Méhul, dem Componisten des „Josef" (1807), Ausländer waren. Von ihnen sind Cherubini und Spontini die bedeutendsten.

Seiner Kunstübung nach steht Cherubini auf dem Boden Haydn-Mozart's. Als Kirchen- und Kammercomponist hat er Werke geschaffen, die alle Zeiten überdauern werden. Seine Opern sind dagegen bis auf den „Wasserträger" (1800) so gut wie vergessen: nur einzelne ihrer Ouverturen leben noch heute als geistvolle und gern gehörte Compositionen im Concertsaale fort. Mehr Glück als Operncomponist hatte G. Spontini. Er begründete seinen Ruhm mit der „Vestalin" (1807), der 1809 „Fernand Cortez" folgte. Beide Opern lassen zwar auch Mozart's und besonders Gluck's

Einflüsse unschwer erkennen, besitzen aber doch eine solche
Fülle origineller Schönheiten, daß man sie keineswegs
als bloße Nachahmungen der deutschen Meister ansehen
darf. Diese beiden Opern waren es, die die Berufung
Spontini's nach Berlin bewirkten. Von den in Berlin
componirten Opern überragen „Olympia" und „Agnes
von Hohenstaufen" in der Größe der Anlage, der Kraft
der Gestaltung und in der Vornehmheit des Ausdruckes
die meisten zeitgenössischen Opern. Ihrem künstlerischen
Gehalt nach stehen sie sicherlich nicht tiefer als Auber's
„Stumme von Portici" (1828) und Rossini's „Tell"
(1829), obwohl sich diese Opern bis auf die Gegen=
wart erhalten haben. Vom Jahre 1831 an übernimmt
G. Meyerbeer (1791—1864) die Führung der fran=
zösischen Oper. Sein in diesem Jahre aufgeführter
„Robert der Teufel" machte ihn mit einem Schlage be=
rühmt. Noch größeren Erfolg hatten die „Hugenotten"
(1836). Meyerbeer war nunmehr der gefeiertste Com=
ponist der Welt, wie es einst Rossini gewesen. Irgend
einen Nebenbuhler gab es nicht mehr, nachdem sich
Rossini ganz von der Oper zurückgezogen hatte und
Auber auf das bescheidenere Gebiet der komischen Oper
übergegangen war. Den Hugenotten folgten „Das
Feldlager in Schlesien" (1844), der „Prophet" (1848),
„Dinorah" (1859). Erst nach seinem Tode erschien die
„Afrikanerin" (1865), deren Composition aber schon
im Jahre 1838 begonnen wurde. Ueber das künst=
lerische Schaffen Meyerbeer's hat Anton Rubinstein
(die Musik und ihre Meister) [Leipzig, Senff], ein Ur=

theil abgegeben, das verdient, weiter bekannt zu werden:
„Dieser Componist ist in Frankreich überschätzt und in
Deutschland, von der ernsten Kritik, unterschätzt wor=
den. Wohl hat er manche Sünden auf seinem Künstler=
gewissen: krankhafte Eitelkeit, Sucht nach unmittel=
barem Erfolg, Mangel an strenger Selbstkritik, Unter=
würfigkeit dem schlechten Geschmacke des unmusikalischen
Publicums, Schminke in musikalischer Charakteristik
— aber er hat auch sehr große Eigenschaften: Theater=
blut, höchst bedeutende Orchesterbehandlung, eine hoch=
künstlerische Massenbehandlung, gewaltige Dramatik,
virtuose Technik u. s. w. Viele Musiker, die gegen
ihn sprechen, wären wohl sehr froh, wenn sie es ihm
nachmachen könnten." Daß dieses Urtheil richtig ist,
und daß die Opern Meyerbeer's trotz des vielen falschen
Pathos doch echtes Theaterblut haben müssen, beweisen
schon die Kassenerfolge, die diese Opern, allen absprechen=
den Kritiken zum Trotz, immer noch erzielen. — Mey=
erbeer's Einflüsse erstreckten sich nicht nur auf die fran=
zösische Oper (Halévy, „Die Jüdin", 1835), sie betrafen
die Operncomposition der ganzen damaligen Zeit über=
haupt (Richard Wagner, „Rienzi"), sie verblassen aller=
dings von dem Zeitpunkte an, wo Richard Wagner's
Operntheorien festen Fuß fassen, sind aber aus der
französischen großen Oper noch keineswegs ganz ver=
schwunden. Daß dies geschehen konnte, liegt in dem
Wesen und dem Charakter der französischen großen
Oper selbst begründet. In's Leben gerufen, um den
Hoffestlichkeiten des königlichen Hauses Glanz und Pracht

zu verleihen, bildeten die eingeschobenen Ballets und
großartigen Massenaufzüge von vornherein den Kern
der Oper; die dramatische Handlung diente nur dazu,
diesen Schau= und Concertstücken einen Schein von Zu=
sammenhang zu geben. Diesen Charakter des Schau=
stückes, das durch glänzende Ausstattung, großartige
Aufzüge und prächtige Ballets die Schaulust des Pu=
blicums zu befriedigen sucht, hat die französische Oper
bis auf den heutigen Tag bewahrt. Dieser Tradition
ist auch Meyerbeer gefolgt. Hiermit ist aber zugleich
der Standpunkt gewonnen, von dem aus seine Opern
beurtheilt sein wollen; sie haben mit der deutschen Oper
nichts gemein; sie sind durchaus auf französische Ver=
hältnisse zugeschnitten und müssen mit diesem Maßstab
gemessen werden. Viele Fehler seiner Opern sind zu=
gleich die Fehler der ganzen Gattung, wie sie sich ein=
mal hier entwickelt hatte.

Es war sicherlich kein bloßer Zufall, daß sich die
Franzosen selbst bis zu diesem Zeitpunkt wenig oder
gar nicht an der Ausbildung der seriösen Oper compo=
sitorisch betheiligt hatten. (Hector Berlioz drang als
Operncomponist bei Lebzeiten nicht durch.) Sie besaßen
in der opéra comique eine Kunstgattung, die ihrem
eigenen Naturell besser lag.

Hervorgegangen aus der opera buffa unterschied sich
die opéra comique der Franzosen grundsätzlich dadurch,
daß sie auf das der italienischen Oper unentbehrliche
Recitativ verzichtete und dafür den gesprochenen Dialog
annahm. Da sich nun die besten französischen Dichter

dieſer Kunſtgattung zuwendeten und auch hier den fei=
nen, geiſtvollen, an Pointen reichen Converſationston
des franzöſiſchen Luſtſpiels anſchlugen, ſo ſtand die opéra
comique, als dramatiſches Kunſtwerk betrachtet, be=
deutend höher als die opera buffa der Italiener. Dieſer
geiſtreiche Converſationston beſtimmte auch die Haltung
der muſikaliſchen Darſtellung. So entſtand ein natio=
nales Kunſtwerk, in dem Muſik und Dichtung um die
Palme ſtritten. Es war A. E. Grétry (1741—1813),
der der komiſchen Oper ihre Vollendung gab, „wodurch
ſie noch heute die echte Repräſentantin des nationalen
Charakters der Franzoſen auf dem Gebiete der drama=
tiſchen Muſik iſt." In ſeine Fußſtapfen trat N. Iſouard.
Den Höhepunkt ſeines Schaffens bezeichnen die beiden
Opern: »Cendrillon« und »Joconde«. Auch ſeine üb=
rigen Werke (das Lotterieloos) fanden großen Beifall.
Die Zeitgenoſſen waren darüber uneinig, ob man ihm
oder F. A. Boieldieu (1775—1834) den erſten Platz
unter den in Frankreich lebenden Componiſten zuer=
theilen ſollte. Heute iſt natürlich kein Zweifel mehr,
daß dieſer Boieldieu gebührt, deſſen beide Opern „Die
weiße Dame" (1825) und „Johann von Paris" (1812),
mit Recht als „feinſte Blüthen franzöſiſchen Muſik=
geiſtes" bezeichnet werden. Ihm reiht ſich D. F. E.
Auber an (1782—1871), deſſen komiſche Opern „Mau=
rer und Schloſſer" (1825) und „Fra Diavolo" (1830)
auf allen Bühnen Heimathsrechte erworben haben. In
gewiſſem Sinne gilt dies auch von Adam's „Der
Poſtillon von Lonjumeau" (1836). Schön geführte

Gesangsmelodien, planmäßige Haltung der Stücke im Einzelnen und Ganzen, sachgemäße und sorgfältige Instrumentation — das sind die Vorzüge aller dieser hier genannten Lustspielopern. Zum Theil (Boieldieu, Auber) haben sie schon romantische Züge.

Auch Ambroise Thomas (1811—1896) leistete sein Bestes auf dem Gebiete der komischen Oper. „Mignon" (1866) ist eine der populärsten Opern der Welt; in Paris erlebte sie bereits ihre 1000. Aufführung. Seine übrigen Opern (Hamlet, König Raymond, Sommernachtstraum, Kadi) sind, bis auf ihre Ouverturen, weniger bekannt geworden. Ebenso allgemein beliebt wie „Mignon" dürfte als komische Oper nur noch Bizet's „Carmen" (1875) sein. Es war der erste wirkliche Erfolg, den der 37jährige, hochbegabte Künstler als Operncomponist erzielte — es blieb sein letzter; drei Monate nach der Aufführung von „Carmen" ereilte ihn der Tod. Zu früh für die Kunst ist auch Leo Delibes gestorben. Der Schwerpunkt seines künstlerischen Schaffens liegt weniger in seinen Opern, von denen die komische Oper „Le roi l'a dit" besonders hervorgehoben zu werden verdient, als in seinen graciösen und charakteristischen Balletmusiken „Sylvia" und „Coppelia", die ihren Weg über alle Bühnen genommen haben. Unverwüstlich scheint auch Maillart's liebenswürdige Oper „Das Glöckchen des Eremiten" (1856) zu sein. Von den komischen Opern Gounod's (1818—1893) hat sich nur „Philemon und Paucis" auf dem Repertoire erhalten. Für dieses leichtere Genre war Gounod weniger begabt. Seine eigentliche Domäne war die große Oper. Auf diesem Gebiete hat er Vortreffliches geleistet. Keine seiner späteren Opern hat aber eine annähernd gleiche Verbreitung gefunden, wie sein „Fauſt" (1859). Mit nur zweifelhaftem Erfolge im Théâtre lyrique erſtmalig aufgeführt, erregte dieſe Oper in Deutſchland gleich bei ihrem Erſcheinen hellſte Begeiſterung. Nun erſt wurden die Franzoſen auf dieſes Kunſtwerk aufmerkſam. Man erwarb es für die große Oper, wo es fortan eine bleibende Stätte fand.* In der That verräth Gounod's Muſik mehr deutſches als franzöſiſches Empfinden, ſie iſt von den deutſchen Romantikern beeinflußt. Die Spuren Wagner'ſcher Kunſt laſſen ſich in Gounod's Oper „Romeo und Julia" (1867) aufzeigen, ein Werk, das ebenfalls in Deutſchland bekannt wurde. Die übrigen Opern Gounod's, „Polyeucte", „Le tribut de Zamora", ſind nicht über Frankreich hinausgedrungen. Stärker treten die Einflüſſe R. Wagner's in den Opern J. Maſſenet's hervor. Augenblicklich iſt er der Führer der franzöſiſchen Operiſten. Von ſeinen Opern „Der König von Lahore", „Herodias", „Cid" haben „Manon" und „Werther" auch auf deutſchen Bühnen Eingang gefunden. Zu dieſer Schule gehört auch Camille Saint-Saëns (geboren 1835). Seine Oper „Simſon und Delila" fand auch außerhalb Frankreichs

---

* Der überaus ſeltene Fall, daß die grand opéra ein Stück annahm, das bereits auf einer anderen Bühne gegeben war.

verdienten Beifall. Zu schönen Hoffnungen berechtigt
Vincent d'Indy, dem wir schon als Sinfonie=
componisten begegnet sind. Noch weiter als Massenet
und Saint=Saëns gehen A. Bruneau und Lambert
mit ihren Versuchen, die Kunsttheorien des späteren
R. Wagner in die französische Oper einzuführen.

Während sich der Typus der französischen großen
Oper, wie ihn Lully festgestellt hatte, im Allgemeinen
rein erhielt, verwischte sich der Charakter der komischen
Oper im Laufe der Zeit bis zur Unkenntlichkeit. Sie
bemächtigte sich nicht nur tragischer Stoffe (z. B. Car=
men), sondern entäußerte sich auch einer ihrer Lebens=
bedingungen, des gesprochenen Dialoges, den sie durch
das Recitativ ersetzte, und wurde schließlich durch die
Aufnahme des Ballets factisch zu einer zweiten großen
Oper. Die Heiterkeit der älteren komischen Oper rettete
sich in die Operette, die Anfangs nicht viel tiefer
stand als manches Werk, das sich als komische Oper
gerirte. Als aber Fl. R. Hervé auf seinem eigenen
Theater „Folies concertantes“ 1854 jene niedrigkomischen
parodistischen Operncarrikaturen inscenirte, für die
man einen eigenen Namen „musiquettes“ erfand, fielen
auch die beiden bedeutendsten Operettisten J. Offen=
bach († 1880) und Lecocq (geboren 1832) diesem
neuesten, nur auf den schlechten Geschmack des Publi=
cums speculirenden Kunstgenre zu, das ein Jeder von
uns kennt. Von Offenbach haben sich bis in die Gegen=
wart hinein eine ganze Reihe solcher Carrikaturopern
„Bouffes parisiens“ erhalten: „Orpheus in der Unter=

welt" (1858), „Die schöne Helena" (1864), „Pariser
Leben" (1866), „Die Herzogin von Gerolstein" (1867),
„Madame Favart" (1879). Seinen ersten Bühnenerfolg
erzielte er mit dem reizenden Cabinetstück „Chanson de
Fortunio" (1849). Kurz vor seinem Tode regte sich
in ihm noch einmal das künstlerische Ehrgefühl. Er
machte mit „Les contes de Hoffmann" den Versuch,
zur komischen Oper zurückzukehren. Offenbach besaß
ein eminentes Talent für das Musikalisch=Komische und
eine reiche, originelle Erfindung. So bleibt es tief zu
bedauern, daß er sich durch Eitelkeit, Ruhmsucht und
Goldgier von allen höheren künstlerischen Aufgaben ab=
bringen ließ und sein reiches Können dem Geschmacke
der Menge aufopferte. Von den Lecocq'schen Operetten
sind die bekanntesten: „Mamsell Angot" und „Giroflé=
Girofla" (beide 1874). Die Operette machte nicht nur
in Frankreich Schule, sie überschwemmte auch das Aus=
land. Wien wurde der Vorort für dieses zweifelhafte
Kunstgenre, Franz von Suppé († 1895) sein Herold.
Auch Suppé war Anfangs ein ernsterer, höher streben=
der Künstler. Er schrieb Quartette, eine Sinfonie, eine
Messe, sogar ein Requiem, Ouverturen, Werke, mit
denen er vollgültige Proben eines soliden Könnens ab=
legte. Als er aber sah, daß es sich auf den Wegen
Offenbach's bequemer wandeln ließ, wandte auch er sich
der Operette zu. Nicht alle fanden den gleichen Bei=
fall; nur die folgenden scheinen sich halten zu wollen:
„Zehn Mädchen und kein Mann" (1862), „Flotte
Bursche" (1863), „Die schöne Galathea" (1865),

„Fatinitza" (1876), „Boccaccio" (1879). Hatte es
schon Suppé verstanden, seine Operetten dem Wiener
Geschmacke anzupassen, so that dies auch Johann
Strauß (1825—1899), nur ging er darin noch einen
Schritt weiter, daß er die ganze Gattung auf ein höheres
Niveau hob, indem er die Pariser Cancans gänzlich
ausmerzte und dafür in seiner Operettenmusik dem
„Wiener Walzer" einen breiten Platz anwies. Dieser
Walzer war eine Schöpfung von Lanner (1801—1843)
und Strauß dem Vater (1804—1849), der Johann
Strauß, der Sohn, die Vollendung gab. Der Schwung
der Lanner'schen Melodien wurde zur feurigen Gluth,
die solide Arbeit des Vaters zu einem Meisterwerk,
das in seiner Art neben dem Besten bestehen kann, was
Kunst überhaupt geschaffen hat. Welch eine Fülle
reizender Melodien! Welch interessante Rhythmik!
Wie klingen die Instrumente! Es ist, als ob die
Muse diesem Bunde, den Rhythmus und Melodie hier
geschlossen, ihre ganze Liebe zugewendet hätte, als ob
alle Grazien hierbei zu Gast geladen wären. Solche
Meisterwerke sind auch viele der Strauß'schen Operetten.
Allen voran: „Die Fledermaus" (1874), sodann „Der
lustige Krieg" (1881) und „Der Zigeunerbaron" (1885).
Fanden andere Operetten (zum Beispiel „Eine Nacht
in Venedig", „Prinz Methusalem" u. s. w.) weniger
Beifall, so war nicht der Musiker, sondern der Librettist
an dem Mißerfolg Schuld. Jedenfalls besaß aber die
deutsche Tonkunst in Johann Strauß einen Meister
ersten Ranges, wie er so bald nicht wieder erstehen

wird. Unſterblich lebt ſein Name in ſeinen Walzern
fort.

Eine ſehr beachtenswerthe Leiſtung auf dem Gebiete
der Wiener Operette iſt auch Millöcker's „Bettelſtudent"
(1882), ein Werk, das ſich dauernd in der Gunſt des
Publicums erhalten hat und von Millöcker nicht wie=
der übertroffen worden iſt. Den Operetten des bekann=
ten Librettiſten, R. Genée, von denen „Nanon" und
„Der Seekadett" namentlich in den achtziger Jahren ſtets
volle Häuſer erzielten, wurde gegen Ende des Jahr=
hunderts nur ſehr wenig nachgefragt. C. Zeller's
„Vogelhändler" erlebte dagegen noch im vergangenen
Jahre 108 Aufführungen. Sein „Oberſteiger" ging
aber zurück. Mit Erfolg hat in letzter Zeit R. Heu=
berger dieſes Genre gepflegt.

Von engliſchen Operettencomponiſten hat A. Sullivan's
„Mikado" (1885) weiteſte Verbreitung gefunden. Mit
ſeiner Oper „Ivanhoe" hat er weniger Glück gehabt.
Daß ſich die „Geiſha" von S. Jones, ein augenblick=
liches Zugſtück, auf der Bühne halten wird, iſt wohl
nicht anzunehmen.

## Italienische Oper.

Mit der italienischen Oper war es am Anfang des 19. Jahrhunderts ähnlich bestellt, wie mit der deutschen. Auch hier war, nachdem sich die Meister der Oper von der Bühne zurückgezogen hatten, ein kräftiger Nachwuchs ausgeblieben. Zwar waren Simon Mayr, Ferdinand Paer und Zingarelli ganz tüchtige Musiker, aber ihren Werken fehlte die Originalität und jener feurige Melodienschwung, an den die Italiener nun einmal von A. Scarlatti an gewöhnt waren. So blieben Piccini, Cimarosa und Paisiello die unerreichten Vorbilder.

Dieser musikalische Stillstand dauerte indessen nicht lange. In Gioachino Rossini (1792—1868) entstand der italienischen Oper ein Retter aus der Noth. Was den andern italienischen Operncomponisten fehlte: Originalität, Leichtigkeit des Schaffens, unerschöpflicher Reichthum an feurigen und gesanglichen Melodien, das besaß Rossini wie Keiner vor ihm. Mit seinen beiden Opern „Tancred" und „Die Italienerin in Algier" (1813) begründete er seinen Ruhm. Mit seinem „Barbier von Sevilla" (1816) schuf er die beste komische Oper, die Italien überhaupt besitzt, ein Werk, das sich trotz seines Alters in ungeschwächter Kraft neben Mozart's „Figaro" mit Erfolg behauptet hat. Rossini's Ruf drang bald über die engeren Grenzen seines Vaterlan=

des hinaus. Er wurde der Lieblingscomponist der ganzen musikalischen Welt*. Ueber seine Opern „Othello", „La Cenerentola" (Aschenbrödel), „La Gazza ladra" (Diebische Elster), „Semiramis", „Moses" vergaß man sogar die Kunst Beethoven's. Und doch arbeitete Rossini kräftig dem Ruine der italienischen Oper entgegen. Vor der Hand war freilich davon noch nichts zu bemerken; denn als sich Rossini mit seinem „Tell" (1829) — ein geniales Werk im Stile der großen französischen Oper — von der Bühne verabschiedete, — er schrieb nach dieser Zeit nur noch für die Kirche (Stabat mater) — da leuchteten der italienischen Oper bereits zwei neue Sterne: Bellini und Donizetti. Mit seinen Opern „Il Pirata", „La Straniera", „Montecchi e Capuleti", „La Sonnambula" (die Nachtwandlerin) hatte sich Bellini (1801—1835) schon den Platz neben Rossini erobert. Nach dem durchschlagenden Erfolge aber, den seine „Norma" (1831) hatte, wurden sogar Stimmen laut, die Bellinis Opern über die Rossini'schen gestellt wissen wollten. Gegen eine solche Insinuation glaubte der Referent der „Allgemeinen musikalischen Zeitung" (1832) Rossini in Schutz nehmen zu müssen: „Nach unsrer Meinung", so schreibt er, „ist Bellini nur ein sehr geistreicher Nachahmer Rossini's, der bloß nicht eingestehen will, daß er jenem

---

* Wie weit diese Verehrung ging, mag das Beispiel Rothschild's zeigen, der Rossini an Geldgeschäften participiren ließ, die dem Meister beträchtliche Summen einbrachten.

Vorbilde wenigstens im Beginn seiner Laufbahn gefolgt
sei, vor dem er vielleicht im Einzelnen manchen kleinen
Vorzug hat. Im Ganzen dürften Beide gleiche Fehler
bei großen Gaben haben. Dieser wie jener besitzt eine
jugendlich poetische Schöpferkraft, doch ist Rossini's Geist
kräftiger, üppiger, während sich Bellini zum Elegischen
hinneigt und mehr von dem hat, was wir Deutschen
Gemüth nennen." Dennoch blieb die öffentliche Mei=
nung getheilt. Uns wird diese Frage kaum noch in=
teressiren, da die Opern der beiden Italiener in Bezug
auf eine tiefere musikalische Charakteristik nur zum
allergeringsten Theile den Anforderungen genügen, die
wir heute an die Oper stellen.

Inzwischen hatte Gaetano Donizetti (1797 bis
1848) mit seiner 32. (!) Oper „Anna Bolena" (1831)
in Mailand einen unbestrittenen Erfolg errungen. Da
auch seine Opern der nächsten Jahre: „Liebestrank",
„Don Pasquale" (seine besten komischen Opern), „Lu=
crezia Borgia" einschlugen, so wurde er 1834 als Con=
current Bellini's nach Paris berufen, um hier seine
Oper „Poliuto" zur Aufführung zu bringen. Die bei=
fällige Aufnahme dieses Werkes veranlaßte ihn 1835
zur Composition des „Marino Falieri"; doch unterlag
diese Oper vollständig den in diesem Jahre gegebenen
„Puritanern" Bellini's. Er verließ darum Paris,
ging nach Neapel und schrieb hier sein bedeutendstes
Werk „Lucia von Lammermoor" (1835). Als Bellini
noch in diesem Jahre starb, war Donizetti der Allein=
herrscher auf dem Gebiete der italienischen Oper. Von

seinen übrigen Opern ist nur noch die für Paris componirte „Regimentstochter" (1840) zu erwähnen, in der
Donizetti den vornehmen Ton der opéra comique auf
das Glücklichste traf. Diese Oper und „Lucia" sind
heute die einzigen Rudera der bis an's Fabelhafte
grenzenden Productivität des einst so gefeierten Meisters.

Im Jahre 1839, vier Jahre nach dem Tode Bellini's, trat Giuseppe Verdi (geb. 1813) mit seiner
beifällig aufgenommenen Oper „Oberto conte di S.
Bonifacio" vor die Oeffentlichkeit. Nachdem er im
Jahre 1842 seine beiden bedeutendsten Mitbewerber um
den ersten Platz, Mercadante und Pacini, mit seiner
Oper „Nabucco" aus dem Sattel gehoben, blieb Donizetti der einzige, mit dem er zu concurriren hatte. Als
sich aber im Jahre 1844 bei diesem die Spuren geistiger
Umnachtung zeigten und Verdi mit seinem „Ernani"
einen glänzenden Triumph feierte, war er der neue
Meister, auf den sich die Hoffnungen der italienischen
Oper stützten. Seine ersten Opern — „Ernani" ausgenommen — unterschieden sich wenig von denen Bellini's und Donizetti's. Je mehr er aber in seine Aufgabe hineinwächst, desto mehr kommt seine eigene,
reiche Individualität zum Durchbruch. Die Blüthen
dieses selbständigen künstlerischen Schaffens sind die
Opern: „Rigoletto" (1851), „Il Trovatore" (1853), „La
Traviata" (1853). Von der üblichen Opernmache der
Italiener unterscheiden sie sich durch eine vornehmere
Haltung der einzelnen Nummern, schärfere Charakteristik der auftretenden Personen, gediegenere Instrumen-

tation, temperamentvolle schöne Melodik und kunstvollere
Harmonik. Von den Opern der sechziger Jahre hatte
keine einen ähnlichen Erfolg, wie die drei genannten,
die den Weltruhm Verdi's begründeten. Mit dem
bloßen Weltruhm begnügte er sich indessen nicht. Den
höchsten Idealen nachstrebend, hatte er ein wachsames
Auge für alles Neue, was auf musikalischem Gebiete
vorging. Wie er einst von Meyerbeer gelernt, so
machte er sich jetzt an das Studium der Opern Richard
Wagner's, das eine gründliche Umgestaltung seiner bis=
herigen Satztechnik zur Folge hatte. Es dürfte der
Fall, daß ein fast sechzigjähriger hochberühmter Meister
die einmal erprobte Kunstpraxis ändert und sich einer
neueren Richtung anschließt, einzig in der Kunstgeschichte
dastehen. Ein schöner Beweis für den Ernst, mit dem
Verdi an der Verwirklichung der ihm vorschwebenden
Ideale arbeitete! Diese abermalige Vertiefung des
künstlerischen Gehaltes kennzeichnet die Werke der letzten
Schaffensperiode Verdi's (Aïda [1871], Requiem [1873],
Othello [1887], Falstaff [1893]). Einflüsse Wagner's
zeigt auch Boito's Oper „Mefistofele". Ricci und
Ponchielli huldigen dagegen mehr der älteren italieni=
schen Opernmanier.

Verdi, der Nestor der Tonkünstler, lebt noch heute
zu Genua im besten Wohlsein, rüstig weiter schaffend.
Von seinem gewissenhaften Fleiß, der sich mit dem vor=
rückenden Alter des Meisters eher gesteigert als ver=
mindert zu haben scheint, sind die kürzlich erschienenen
„Pezzi sacri" ein beredtes Zeugniß. Wie er den Unter=

gang der alten italienischen Oper miterlebte und ihn sogar fördern half, von dem Zeitpunkte an, wo sich seine Wege von denen Bellini's und Donizetti's trennten, sieht er nun ein Geschlecht heranwachsen, das dem Naturalismus und Realismus in der Oper huldigt. Die Hauptvertreter dieser jungitalienischen „Veristen" sind: Mascagni (Cavalleria rusticana, 1890), Leoncavallo (Gli Pagliacci, 1892), Giordano (Andrea Chenier), Puccini (La Bohême, 1897). Ob aber dieser Schule die Zukunft gehören wird, ist mindestens zweifelhaft. Denn abgesehen davon, daß so vorzügliche Textbücher wie: „Cavalleria" und „Pagliacci" nicht allzu häufig sind — und ein Hauptantheil an den glänzenden Erfolgen dieser Opern beruht auf ihren Texten — so scheint auch den Jungitalienern die schöpferische Kraft und eine reiche Erfindungsgabe zu ermangeln, denn noch Keiner von ihnen hat mit seinen späteren Opern den Erfolg seines Erstlingswerkes auch nur annähernd wieder erreicht. So überragt der greise Verdi noch heute seine Kunstgenossen um Haupteslänge.

## Deutsche Oper.

Wenn wir von der deutschen Oper an letzter Stelle handeln, so geschieht dies aus dem Grunde, weil an ihrer Entwicklung Italiener und Franzosen direct oder indirect betheiligt gewesen sind. Wie die opera buffa der Italiener die französische komische Oper in's Leben gerufen hatte, so ging auch von ihr die Anregung zum deutschen Singspiele aus, an dessen Entstehung allerdings auch die englische Gesangsposse einen wesent= lichen Antheil hat. Hier wie dort war die komische Oper eine Reaction gegen die seriöse Oper. Man hatte es gründlich satt, auf dem Theater nur Götter und Helden agiren zu sehen, man verlangte nach wirklichen Menschen, die sich auf der Bühne auch als solche ge= bärdeten. Es war ja die Zeit J. J. Rousseau's, in der sich diese musikgeschichtlichen Vorgänge abspielten, daher der Drang zur Rückkehr zur Natur und Einfach= heit, daher auch das rasche Aufblühen dieser neuen Kunstgattung. In Deutschland war das Singspiel zu= gleich der Versuch einer Emancipation von der Allein= herrschaft der italienischen Operisten. Sein Schöpfer J. A. Hiller († 1804) war in der That auf dem besten Wege, den Deutschen zu einer nationalen Oper zu verhelfen. Wie entwicklungsfähig die gesteckten Keime waren, geht am besten daraus hervor, daß schon nach ungefähr 30 Jahren auf diesem Boden die

„Zauberflöte" und später der „Fidelio" erwachsen konnten. Leider artete aber das deutsche Singspiel mit wenigen Ausnahmen sehr bald in die platteste Gesangsposse aus. Die nationale Bewegung gerieth in's Stocken. Der Geschmack des Publicums wandte sich daher der französischen Oper wieder zu, die textlich sowohl, wie musikalisch dem deutschen Singspiel weit überlegen war. Dennoch blieb die Hiller'sche Saat nicht ohne Früchte, sie zeitigte vor Allem das deutsche Lied und bereitete der romantischen Oper die Wege.

Will man den Gründen nachspüren, weswegen „Fidelio" in Deutschland nicht so voll gewürdigt wurde, wie es das unsterbliche Meisterwerk verdiente, so wird man sagen müssen, daß sich der gediegene Musiksinn schon zu Beethoven's Lebzeiten verloren hatte, und daß der heroische Ton des Werkes nicht mehr zu dem Zeit= geiste paßte. Denn, nachdem die Deutschen die Sclaven= ketten der Napoleonischen Knechtschaft gewaltsam zer= rissen hatten, da waren die Ideale erfüllt, um die Florestan litt, um die Fidelio kämpfte. Das Volk wollte den theuer erkauften Frieden in Ruhe genießen. Die Deutschen fingen an, sich als Nation zu fühlen. Um so empfindlicher mußte es sie berühren, daß ihnen auf dem Gebiete der Oper Franzosen und Italiener die geistige Nahrung reichten. Man wird daher den Jubel begreifen, mit dem Weber's „Freischütz" am 18. Juni 1821 im Berliner Schauspielhause aufge= nommen wurde. Das war ein nationales Werk mit deutschen Lauten, mit deutscher Musik. Es bedeutete eine Niederlage der italienischen Oper, an deren Spitze in Berlin damals der berühmte Spontini stand. Hatten dessen Opern die staunende Bewunderung der Masse erregt, so fand das deutsche Werk einen Wiederhall in den Herzen der ganzen Nation, die sich Weber bereits durch seine wenige Monate früher aufgeführte „Preciosa" gewonnen hatte. Und da der Freischütz seinen Siegeslauf durch ganz Deutschland nahm, die Concurrenzoper Spontini's „Olympia" (1821) aber nur auf Berlin beschränkt blieb, so war der Name Weber bald in Aller Munde. Das Publikum spaltete sich in zwei Lager. Die nationale Partei begrüßte in Weber den kommenden Mann, einen Rückhalt hatte Spontini dagegen nur in den Berliner Hofkreisen, deren Einfluß allerdings weit reichte. Da sich der Erfolg des „Freischütz" nicht einfach wegleugnen ließ, so intriguirte die gegnerische Partei offen und heimlich gegen Weber. Was ihn am tiefsten schmerzte, waren die Zweifel an seiner künstlerischen Begabung für die große Oper, denn der „Freischütz" war wegen des gesprochenen Dialogs nur eine Operette. Weber sollte sehr bald in die Lage kommen, diesen Vorwurf zu entkräften. Man kann es nur bedauern, daß er sich hierin etwas überstürzte, und daß er keinen besseren Text fand als „Euryanthe". Obwohl Weber sich der Schwächen dieses Textbuches voll bewußt war, ging er dennoch an die Composition. Ihn reizten gewisse Situationen, die die Handlung bot, die seinem Talente ganz besonders günstig lagen, dann aber auch der Umstand, daß diese

Oper den denkbar schroffsten Gegensatz zum „Freischütz"
bildete. Vom rein musikalischen Standpunkte aus hat
Weber diese Aufgaben glänzend gelöst, und wenn die
„Euryanthe" auch nicht die Popularität des „Freischütz"
erreichte, so steht sie doch als musikalisches Kunstwerk
über diesem. Sie wurde bei ihrer ersten Aufführung
in Wien (25. October 1823) beifällig aufgenommen,
durch den herrschenden Rossinitaumel aber bald wieder
bei Seite gelegt. In Berlin, das ihre Bekanntschaft
1825 machte, schlug sie tiefere Wurzeln. Daß die
„Euryanthe" heute seltener geworden ist, liegt nur an
dem undramatischen Texte. In dieser Hinsicht theilt
sie das Schicksal mit Robert Schumann's genialer
„Genoveva" (1848). Was Haltung der einzelnen Stücke,
Instrumentirung und Charakteristik der auftretenden
Personen anbetrifft, hat die „Euryanthe" Richtung
gebend auf die nachfolgende Künstlergeneration (R.
Wagner's „Lohengrin") eingewirkt. Es ist diese Oper
in der That das erste deutsche Musikdrama. Wenn
Weber in den beiden genannten Opern die unterschei=
dende Charakteristik der jedesmaligen Zeiten und Ver=
hältnisse meisterhaft geglückt war, so traf er auch für
die Elfen und Meernixen im „Oberon", der erstmalig
am 12. April 1826 in London aufgeführt wurde, den
richtigen Ton; er schuf ganz neue musikalische Aus=
drucksmittel, aus denen uns gleichsam der Naturhauch
dieser fantastischen Märchenpoesie entgegenduftet. Der
„Oberon" war Weber's letztes Werk, er schrieb es als
ein todtkranker Mann. Kaum zwei Monate später

starb er in London. Ein eigenes Geschick wäre es gewesen, wenn der Mann, dessen Herz mit allen Fasern an Deutschland hin, der ein Sänger der deutschen Freiheitskriege war, im fremden Lande die letzte Ruhestätte gefunden hätte. Es ist daher ein bleibendes Verdienst R. Wagner's, daß er die Ueberführung der Leiche des letzten deutschen „Spielmanns" nach Dresden, dem Orte der ruhmvollen Thätigkeit Weber's, im Jahre 1844 trotz undenklicher Schwierigkeiten durchsetzte. Neben Weber gestellt, mußte der dramatisch schwächer veranlagte Louis Spohr den Kürzeren ziehen. Seine Opern sind heute so gut wie vergessen, nachdem auch leider sein bedeutendstes Werk „Jessonda" (1823) ganz von der Bühne verschwunden ist. Auch Kreutzer's Opern sind bis auf das „Nachtlager" (1834) verschollen. Ihre volle Lebensfrische haben dagegen die Marschner'schen Opern „Templer und Jüdin" (1829) und „Hans Heiling" (1833) sich bewahrt. Allerdings wurde Marschner (1795—1861) als Operncomponist durch Weber, Meyerbeer, die Italiener und R. Wagner stark verdunkelt, wenngleich er in vielen Beziehungen ihnen allen gewachsen war. Seine populärste und bedeutendste Oper ist „Hans Heiling", kunstgeschichtlich interessant durch ihre Einwirkungen auf R. Wagner's „Fliegenden Holländer". Der gräßliche Stoff des Marschner'schen „Vampyr" (1828) ist auch heute noch ein Hinderniß für die weitere Verbreitung dieser Oper.

Sehr beliebte Opern der dreißiger Jahre waren: „Adlershorst" von Gläser und die „Felsenmühle" von

C. G. Reißiger († 1859). Die Ouverture der letzt=
genannten Oper ist noch heute ein willkommenes Con=
certstück. Auch seine Ouverture zu „Yelva" wird zu=
weilen noch gespielt. Reißiger war ein sehr fruchtbarer
Componist, ohne besonders originell zu sein. Einige
seiner Kammermusikwerke erfreuen sich noch heute der
Gunst der Dilettantenkreise. [Er theilt in dieser Be=
ziehung das Loos mit dem einst sehr geschätzten G.
Onslow.] Von den Liedern und Gesängen Reißiger's
sind: „Die Grenadiere" und „Als Noah aus dem Kasten
war" die bekanntesten.

Im Gegensatze zu den Romantikern, die sich immer
mehr in's Fantastische verloren, sich an Stoffe heran=
machten, die aller Lebensrealität ermangelten, und in
einer Welt des Scheines sich bewegten, stellte G. A.
Lortzing (1801—1851) die Oper wieder auf den Boden
der Wirklichkeit. Als erfahrener Practicus erkannte
er, daß seine Fantasie nicht ausreichte, um mit Glück
den Flug in's alte romantische Land unternehmen zu
können — seine „Undine" ist trotz vieler Schönheiten
nicht die beste Leistung Lortzing's —, aber indem er
sein Talent richtig abschätzte und es auf das kleinere
Gebiet der realistisch=komischen Oper beschränkte, wurde
er selbst ein Meister. Von Jugend auf mit der Bühnen=
technik vertraut, Sänger und Dichter in einer Person,
wußte er für die Bühne wirksam zu schreiben. In seinen
Opern findet man nichts Gesuchtes oder Gemachtes,
Alles ist einfach und natürlich empfunden. Ein kräf=
tiges dramatisches Leben, gepaart mit einem kernigen

aber gemüthvollen Humor, pulsirt in ihnen. Die Melodik volksthümlich, herzgewinnend, naiv. Die Instrumentation sachgemäß und geschmackvoll. Dabei Alles aus einem Gusse. Nirgends die Spur einer Erlahmung. Seine Opern: „Die beiden Schützen", „Czaar und Zimmermann" (beide 1837), „Der Wildschütz" (1842, wohl das Meisterwerk Lortzing's), „Der Waffenschmied" (1846) sind auch heute nicht gealtert, sie gehören im Gegentheil mit der „Undine" (1845)* zu dem eisernen Bestande aller Opernbühnen. Und da es um die deutsche komische Oper gegenwärtig recht schlecht bestellt ist, so sucht man neuerdings die weniger bekannten Opern Lortzing's wieder hervor, von denen „Regina" und „Opernprobe" im vergangenen Jahre eine recht freundliche Aufnahme gefunden haben. In das Jahr 1849 fallen „Die lustigen Weiber" von O. Nicolai, der hiermit zum ersten Male das Gebiet der deutschen Oper betrat, nachdem er in seinen früheren Werken ganz im Fahrwasser der Italiener gesegelt hatte. Zwei Monate nach der Aufführung der Lustigen Weiber starb er, 39 Jahre alt. Im Hinblick auf dieses unvergleichliche Meisterwerk bedeutet sein frühzeitiger Tod einen schweren Verlust für die deutsche Kunst. Wie O. Nicolai von den Italienern, wurde Fr. von Flotow († 1883) von den Franzosen beeinflußt. Anhaltenden Erfolg haben von seinen vielen Opern nur "Ales-

---

* Mit Unrecht vergessen ist das gleichnamige schöne Werk des vielseitigen E. T. A. Hoffmann's, das den besonderen Beifall C. M. v. Weber's in hohem Maße fand.

sandro Stradella" (1844) und „Martha" (1847) gehabt, Opern, die sich dauernd auf dem Repertoire zu halten scheinen.

Französische und italienische Einflüsse lassen sich auch in den ersten Opern Richard Wagner's (1813—1883) nachweisen („Die Feen" [1833], „Das Liebesverbot" [1836], „Rienzi" [1842]). Von seinem „Fliegenden Holländer" (1843) an wird Wagner ein Anderer. Hier ist das Schema der italienisch-französischen Oper, die Eintheilung in einzelne Nummern, bereits aufgegeben; vor allen Dingen fehlen die für die Oper bis dahin unentbehrlich gehaltenen Arien. Im Einzelnen treten Marschner's und Weber's Einflüsse deutlich hervor. Seit dieser Oper spricht man von einer Wagnerpartei. Unbeirrt um den Widerspruch, den der „Fliegende Holländer" fand, schuf Wagner in diesem Sinne weiter: „Tannhäuser" (1845), „Lohengrin" (vollendet 1847; erstmalig durch Liszt 1850 in Weimar aufgeführt). Die folgenden Werke: „Tristan" (1857—59 componirt, 1865 aufgeführt), „Meistersinger" (Composition im Frühjahre 1862 begonnen, erste Aufführung 1868), „Der Ring des Nibelungen" (Wagner arbeitete fast 25 Jahre daran, Prosaentwurf 1848, Vollendung der Partitur November 1874, erste Aufführung 13.—17. August 1876), „Parsifal" (1877—82, erste Aufführung 26. Juli 1882) — gehören der letzten Schaffensperiode des Meisters an, in der Wagner die Umgestaltung der Oper zum „Musikdrama" vollzog. — Eine Würdigung des künstlerischen Schaffens R. Wagner's

liegt selbstverständlich außerhalb der Grenzen dieses Auf=
satzes. Ebenso wenig ist hier der Ort für kunstgeschicht=
liche Weissagungen. Thatsache ist, daß Wagner heute
das Repertoire der Opernbühnen beherrscht, und daß fast
die gesammte Musik der letzten fünfzig Jahre — die
Kreise Brahms' ausgeschlossen — unter dem Zeichen
seiner Kunst steht. Zu weiteren Folgerungen berechtigt
diese Thatsache im Augenblicke noch nicht. Daß die
Opern Wagner's reinigend auf den Geschmack des
Publicums eingewirkt haben, wird man unbedingt zu=
geben. Dies ist der Grund, daß der Bestand unseres
Opernrepertoires von Jahr zu Jahr mehr zusammen=
schmilzt, und daß sich von den vielen Opern der letzten
30 Jahre kaum ein halbes Dutzend auf dem Repertoire
erhalten hat. An dem schnellen Verschwinden dieser
Opern ist fast immer das Textbuch Schuld, an das wir
seit Wagner höhere Anforderungen stellen, als vordem.
Zu solchen vom Repertoire abgesetzten Opern gehören:
Rubinstein: „Feramors" (1863), „Die Maccabäer"
(1870), „Der Dämon" (1875 [in Rußland dagegen
außerordentlich beliebt], „Nero" (1879), Rheinthaler:
„Käthchen von Heilbronn" (1881), H. Hofmann:
„Armin" (1872), „Aennchen von Tharau" (1878),
„Donna Diana" (1886), Abert: „Astorga" und „EKKe=
hard", Bruch: „Hermione"; die sämmtlichen Opern
W. Taubert's, B. Scholz: „Golo", „Der Trom=
peter von Säkkingen", Carl Grammann: „Melusine",
„Thusnelda", von Holstein: „Der Heideschacht",
Herzog Ernst II. von Sachsen=Coburg=Gotha „Santa

Chiara", Rheinberger: „Die 7 Raben", „Des Thür=
mers Töchterlein", Joh. Strauß: „Ritter Pazman"
und Andere.

Manche Opern dagegen, die sich künstlerisch mit
vielen der genannten nicht messen können, verdanken
ihr Fortbestehen der Popularität ihrer Textbücher, zum
Beispiel Neßler's „Trompeter" (1884), „Ratten=
fänger" (1879).

Auffallend dünn besät seit Lortzing und Nicolai ist
das Gebiet der Spiel= und komischen Opern. Kein
gutes Zeichen für die musikalische Productivität der
heutigen Musiker! Nur drei Werke, die sich übrigens
zu behaupten scheinen, repräsentiren dieses Gebiet:
H. Götz: „Widerspänstige" (1874), J. Brüll: „Gol=
denes Kreuz" (1875) und „Landfriede" (1877). In
Ermangelung von Originalwerken ist neuerdings erfolg=
reich versucht worden, einige der Operetten von Joh.
Strauß (Fledermaus, Zigeunerbaron, Waldmeister)
hofbühnenfähig zu machen; weniger glücklich war der
Versuch, den 1858 durchgefallenen „Barbier von Bag=
dad" von Cornelius der Bühne wiederzugewinnen.
Einen wirklichen Erfolg hatte in neuester Zeit die sich
an Wagner anlehnende komische Oper von Reznicek
„Donna Diana" (1894). In dieselbe Gattung gehört
auch C. Goldmark's „Heimchen am Heerde" (1896),
eine Oper, die heute auf allen Bühnen gegeben wird,
während desselben Componisten große Oper „Die
Königin von Saba" (1875) schon recht selten geworden
ist. Wie in dieser Oper so lassen sich auch in Kretsch=

mer's „Die Folkunger" die Einflüsse Meyerbeer's und des früheren Wagner erkennen.

Inzwischen hatte sich auch eine „Wagnerschule" gebildet. Cornelius: „Der Cid" (1865), Kienzl: „Evangelimann" (1895), „Don Quixote", Weingartner: „Sakuntala", „Malawika", „Genesius", Richard Strauß: „Guntram", Schillings: „Ingwelde", „Der Pfeifertag", Hans Sommer: „Loreley", Cyrill Kistler: „Kunihild", d'Albert: „Ghismonda", „Der Rubin", R. Becker: „Frauenlob", „Ratbold" Rüfer: „Merlin", „Ingo" und Andere. Der Schwerpunkt fast aller dieser Opern liegt in der virtuosenhaften Behandlung des Orchesters; doch hat, außer dem „Evangelimann", keine derselben festen Fuß auf den Bühnen bisher gefaßt. Dagegen übt E. Humperdinck's Märchenoper „Hänsel und Gretel" (1894) vermöge ihrer echt künstlerischen Gestaltung, der Unverwüstlichkeit ihres Stoffes und der genialen Verarbeitung der eingestreuten Kinderlieder nach wie vor eine starke Zugkraft aus. In mehrere Sprachen übersetzt, ist „Hänsel und Gretel" augenblicklich auf der Reise durch die Welt. Siegfried Wagner bezeichnete sie als die beste Oper, die nach Parsifal geschaffen wurde. Und sie ist es in der That, trotzdem die Bungert'schen Musikdramen Anspruch darauf erheben und trotzdem das eigene Festhaus schon in der Ferne winkt. Denn es haben die Bungert'schen Opern bisher nur einen sehr getheilten Beifall gefunden und können sich, was Kraft der Darstellung, Größe der Conception anbelangt, nicht mit den Wagner'schen Kunstwerken messen. Wie auf so viele andere Componisten der Wagner'schen Schule, so treffen auch auf Bungert die Worte E. Hanslick's zu, wenn er sagt: „R. Wagner hat sich vom ‚Lohengrin‘ abwärts einen neuen Weg gebahnt, mit Lebensgefahr, aber dieser Weg ist nur für ihn; wer ihn gehen will, bricht den Hals, und das Publicum wird diesem Unfall gleich= giltig zusehen." Diese Einsicht hatte Siegfried Wag= ner, der in seinem „Bärenhäuter" die Wege des Vaters verließ und sich mit Glück wieder der älteren Opern= form zuwandte.

Eine merkwürdige Erscheinung der letzten Jahre ist das Genre der einactigen Oper. Angeregt durch die immensen Erfolge der »Cavalleria« und der »Pagliacci« stürzten sich auch die deutschen Componisten mit einem wahren Feuereifer auf diese bequemere Kunstgattung. Das Jahr 1893 brachte in Folge eines Preisausschrei= bens, das der Herzog Ernst von Coburg=Gotha er= lassen hatte, eine wahre Hochfluth solcher einactiger Bühnenwerke. Aber keines von ihnen — auch nicht die preisgekrönten Opern: „Evanthia" von Umlauft und „Die Rose von Pontevedra" von Forster — hatte einen annähernd gleichen Erfolg zu verzeichnen, wie die genannten italienischen Opern. Es genügt demnach, diese Thatsache hier einfach zu constatiren.

## III. Geistliche und weltliche Chorwerke im großen Stil.

— Oratorien, Cantaten, (geistliche und weltliche) Chorballaden und ähnliche Kunstgattungen. Von den zahlreichen, nach dem Tode Händel's componirten, Chorwerken im großen Stile sind Haydn's „Schöpfung" (1795—1798) und „die Jahreszeiten" (1801 erstmalig aufgeführt) die ersten Werke, die sich in Bezug auf ihren künstlerischen Werth mit den Oratorien Händel's messen können. Abgesehen aber von allen inneren Vorzügen und den unvergänglichen Schönheiten der Composition liegt die Bedeutung der Haydn'schen Oratorien noch darin, daß sie die Bildung von Chorvereinen in Deutschland wesentlich mit befördern halfen. Man darf diese Thatsache nicht gering veranschlagen. Waren es doch gerade die Chorvereine, die die Bekanntschaft mit den Werken Händel's und Bach's dem größeren Publikum vermittelten. Den Antheil, den die Aufführung der Bach'schen Matthäus-Passion durch Mendelssohn (1829) an der Wiederbelebung der damals fast vergessenen Kunst des großen Leipziger Thomascantors hat, kennt ein Jeder.

Es vergingen beinahe 40 Jahre, bis wieder ein Oratorium auftauchte, das eine ähnliche Begeisterung hervorrief, wie die Haydn'schen. Nicht als ob die

Zwischenzeit ganz oratorienarm gewesen wäre. Wir erinnern nur an: Beethoven's „Christus am Oelberg", Spohr's „letzte Dinge", Fr. Schneider's „Weltgericht", C. Loewe's* „Fall Jerusalems", „Siebenschläfer", Oratorien, die zuweilen heute noch aufgeführt werden, aber zu einem andauernden Erfolge brachte es doch erst Mendelssohn's „Paulus (1836), ein Werk, das allein schon genügt haben würde, den Namen seines Schöpfers unsterblich zu machen. Bei der großen Anzahl der in diesem Abschnitte noch zu erwähnenden Chorwerke muß ich leider auf eine Würdigung der einzelnen Erscheinungen verzichten und mich auf eine summarische Uebersicht der bedeutenderen beschränken. Es muß aber doch angemerkt werden, daß die irrigen Ansichten, die Mendelssohn und sein Textdichter Schubring von dem Wesen des Oratoriums hatten, für die weitere Entwicklung dieser Kunstform verhängnißvoll geworden sind. Beide waren von dem kirchlichen Character des Oratoriums vollständig überzeugt und der Ansicht, daß der Text, wie beim „Messias", nur aus reinem Bibelwort bestehen dürfte. Das Bedenklichste aber war die Einfügung der Choräle, denn es wurden hierdurch zwei Kunstgattungen vermischt, die mit einander nichts

---

* Von seinen späteren Oratorien kam „Johann Huß" häufiger vor. Gelegentlich des 100jährigen Geburtstages des Componisten wurden die Oratorien: „Gutenberg", „Palestrina", „Die Festzeiten", „Lazarus" u. A. wieder ans Licht gezogen. Leider verfällt Loewe zu oft ins Opernmäßige, doch sind seine Oratorien reich an einzelnen schönen Zügen.

gemein haben: das Händel'sche Oratorium und die Passion Bach's. Diese ungehörige Stilvermischung trug wesentlich zu der Verwirrung des Oratorienbegriffs bei, der auch noch heute nicht von allen Künstlern klar gefaßt wird. Im „Elias", der 1846 für das Birming= hamer Musikfest componirt wurde, fehlt zwar der Choral, doch tritt auch hier der kirchliche Charakter des Werkes am Schlusse deutlich hervor. Wir wollen durch diese Ausstellungen Niemandem den Genuß an diesen Meisterwerken verkümmern, bekennen wir uns doch auch zu den Bewunderern ihrer Schönheiten und ihres künstlerischen Reichthums. Von den weiteren Chorwerken Mendelssohn's mögen noch erwähnt wer= den: „die Walpurgisnacht" (1843), eine seiner wenigen Compositionen, über deren Werth keine Meinungs= verschiedenheit herrscht, „Athalia", „Loreleyfinale", die Musiken zu den Dramen des Sophocles „Antigone" und „Oedipus".* Nach Mendelssohn dürften Schumann's Chorwerke: „Paradies und Peri" (1843), „Faustscenen", „der Rose Pilgerfahrt", „Requiem für Mignon" und die „Chorballaden" die weiteste Verbreitung gefunden haben. Häufig aufgeführt wurden Gade's „Erlkönigs Tochter" und „Kreuzfahrer"; „Comala" ist in letzter

---

* Im Anschluß hieran wollen wir noch einige der am meisten bekannt gewordenen Schauspielmusiken anführen. Beet= hoven (Egmont, Ruinen von Athen), Schubert (Rosamunde), Weber (Preciosa), Mendelssohn (Sommernachtstraum), Schu= mann (Manfred), die Faustmusiken von: Lindpaintner, Fürst Radziwill, E. Lassen. Kreutzer (Verschwender), Meyerbeer (Struensee), W. Taubert (Der Sturm), Flotow (Wintermärchen).

Zeit etwas vernachläffigt worden. Von Blummer's Oratorien behaupteten fich „Abraham" und „der Fall Jerufalems". Denfelben Stoff behandelt auch F. Hiller's gleichnamiges Oratorium, das bekanntlich R. Schumann fehr warm empfahl. Intereffant ift dies Werk durch die häufiger vorkommenden felbftändigen Inftrumental= ftücke zur Ausdeutung und Schilderung einzelner Partien. In diefem Sinne entwickelte fich das Oratorium und die weitere Chormufik über Mendelsfohn hinaus. Einige der wichtigften Erfcheinungen find folgende: Rubinftein „das verlorne Paradies", „Thurm zu Babel", „Mofes" und „Chriftus" (bei diefer Gelegen= heit fei auch des fchönen gleichnamigen Werkes von Fr. Kiel gedacht). Lifzt: „Heilige Elifabeth", „Chriftus" und „Prometheus". Großen Beifall fanden die weltlichen Oratorien M. Bruch's: „Achilleus" und „Odyffeus". Auch feine übrigen Chorwerke halten fich andauernd in der Gunft der Sänger. „Frithjof", „Schön Ellen", „Feuerkreuz", „Normannenzug", „Sa= lamis", „Römifcher Triumphgefang", „Auf die bei Thermopylae Gefallenen" und Schiller's „Lied von der Glocke" (daneben ift aber immer noch das befcheidenere Werk B. Romberg's recht beliebt). In neuefter Zeit hat er noch zwei Oratorien gefchaffen, die ebenfalls fehr beifällig aufgenommen wurden: „Mofes" (1896), „Guftav Adolf" (1898). Die von Bruch mit befon= derer Vorliebe und entfchiedenem Glücke gepflegte Gattung größerer Chorwerke für Männer= ftimmen mit Inftrumentalbegleitung ift eine Specialität des 19. Jahrhunderts. Aus ihrer reichen Litteratur seien folgende Werke genannt: Schubert „Nachtgesang im Walde", „Gesang der Geister", Lachner „Sturmes-mythe", W. Taubert „Landsknecht", Wagner's „Liebesmahl der Apostel", Brahms „Rinaldo", „Rhapsodie", Rheinberger „Thal des Espingo". Weitere Beiträge lieferten: Reinecke „Hakon Jarl", Grieg „Landkennung", J. Otto, Gernsheim, Gouvy, Zöllner, G. Schreck, Brambach, Kremser, A. Krug, Fr. Lux u. A. — Vereinzelt blieben die hochbedeutenden a capella Oratorien für Männerchor von C. Loewe.

Von den weiteren Chorwerken im großen Stil für gemischten Chor und Orchester gewinnen die Brahms'-schen: „Schicksalslied", „Triumphlied" (Kaiser Wilhelm I. gewidmet) „Nänie" und „Gesang der Parzen" immer mehr an Terrain. Nicht ebenso schnell aber doch sicher scheint H. von Herzogenberg durchzudringen: „Deutsches Liederspiel", „Geburt Christi", „Weihe der Nacht", „Erntefeier". Dasselbe gilt auch von D. Lorenz „Otto der Große", „Krösus", „Jungfrau von Orleans". Dauernden Beifall fanden: Vierling's „Raub der Sabinerinnen", „Constantin", „Alarich"; H. Hof-mann's „Melusine", Hegar's „Manasse", Tinel's „Franciscus", Krug's „Sigurd", Rheinberger's „Christoforus", Becker's Kirchenoratorium „Selig aus Gnade". Auch Klughardt's 1899 componirtes Ora-torium „der Fall Jerusalems" hat schon weitere Ver-breitung gefunden.

Von französischen Componisten haben Berlioz' „Damnation de Faust" und C. Franck's „les Béatitudes" auch in Deutschland Eingang gefunden. Gounod's „Rédemption" und „Vita et mors" blieben auf Frankreich beschränkt. — Endlich möge noch Dvořák's „Die heilige Ludmilla" genannt sein. Neuerdings wird viel Aufhebens gemacht von den Oratorien eines italienischen Maëstro L. Perosi. Im Mai erhält er sogar ein eigenes Festhaus! Doch wird man gut thun, vorläufig noch abzuwarten. Dagegen berechtigt Enrico Bossi zu den schönsten Hoffnungen.

Messen. Zu der „Cdur-Messe" und der „Missa solemnis" von Beethoven (erstmalig 1824 aufgeführt), den Messen Schubert's, Cherubini's, Hauptmann's und Schumann's treten hinzu: Grell: (die berühmte a capella-Messe zu 16 Stimmen), Kiel: „Missa solemnis", Liszt: Graner- und Krönungsmesse, A. Becker: Bmoll-Messe (ein hochbedeutendes Werk), Draeseke: besonders die Fismoll-Messe, Bruckner: drei Messen, Habert: 25 Messen, Rheinberger, Bruch, Haller, Witt u. A.

Requiem. Nur ganz wenige Werke sind als Bereicherung dieser Gattung von Kirchenmusik anzusehen. Den Altersvortritt hat nach Cherubini's berühmten beiden Requien (Cmoll und Dmoll, letzteres für Männerchor) H. Berlioz, dessen großes Requiem im Jahre 1837 aufgeführt wurde. Schumann's und Lachner's Requiem ist ziemlich unbekannt geblieben. Leider werden auch die beiden Kiel'schen Werke in

F moll und As dur seltener. Das berühmteste neue Werk dieser Gattung ist wohl das Brahms'sche „Deutsche Requiem" (1868). Tüchtige Arbeiten auf diesem Gebiete lieferten: von Herzogenberg, Scholz, Draeseke, Gouvy, Sgambati und namentlich Verdi, dessen 1874 componirtes, grandioses Werk auch in Deutschland gerechte Bewunderung hervorrief.

Hymnen und andere Kirchenmusik. Von Rossini's einst hochberühmtem „Stabat mater" lebt heute nur noch die Arie „Cuius animam". Weiter sind zu nennen: die für Frauenstimmen componirten „Stabat mater" von Lachner und Kiel. In jüngster Zeit hat sich Verdi mit Erfolg der kirchlichen Composition zugewendet, 1898 erschienen seine „Pezzi sacri" (ein „Stabat mater", „Te Deum", „Ave Maria" und ein Lobgesang auf die heilige Jungfrau), Werke, denen wegen ihrer Gediegenheit ebenfalls eine weitere Verbreitung sicher ist. Man wird dies auch von Blumner's klangschönem „Te Deum" und Dvořák's gediegenem „Stabat mater" behaupten können. Häufiger trafen wir Berlioz' und Bruckner's „Te Deum" an. Auf dem Gebiete der Psalmen- und Motettencomposition thaten sich besonders hervor: Mendelssohn, Hauptmann, E. F. Richter, W. Rust, R. Volkmann, G. Schreck, S. Jadassohn, C. Reinecke, Grell, Bellermann (beide sind Vertreter des sogenannten „reinen" Satzes), A. Becker, Succo, von Herzogenberg, O. Wermann, Liszt, J. Brahms.

Wie die Männerchöre mit Orchester, so ist auch das

unbegleitete Chorlied für Männerstimmen eine
Specialität des 19. Jahrhunderts. Anfangs der vater=
ländischen Sache dienend und ein Wiederhall alles Dessen,
was die Herzen Aller begeisterte und erfüllte, sinkt es
immer mehr zum trivialen Singsang herab. Neuer=
dings ist Fr. Hegar erfolgreich bestrebt, diese Kunst=
gattung wieder zu heben; aber trotzdem muß gesagt
werden, daß die Hauptbedeutung des Männergesanges
auf dem Liede beruht. Neben Weber, Marschner,
Mendelssohn, Kreutzer, Silcher, Dürrner,
Otto, Zöllner, Abt (aber nicht mehr als ein halbes
Dutzend seiner unzähligen Chorlieder) dürften nur
wenige neuere Componisten diese Kunstgattung wirk=
lich bereichert haben.

# IV. Das deutsche Lied.

Die hervorragende Stellung, die das deutsche Lied in der Musik einnimmt, datirt seit Franz Schubert. Was Melodienfülle, Leichtigkeit des Talentes und die damit zusammenhängende ungeheuere Productivität anbetrifft, ist er auch heute noch von keinem anderen Liedercomponisten übertroffen worden. Die Zahl seiner Lieder beläuft sich auf mehr als sechshundert. Gedichte, die er las, setzten sich ihm sofort in Melodien um. Die Compositionen machen darum auch alle den Eindruck des Unmittelbaren, nicht Verstandesmäßigen. Ein Grübeln kannte er nicht. Dennoch gelingt es ihm stets, die Grundstimmung des Gedichtes zu treffen. Dabei sind seine Melodien biegsam genug, um jeder Nuance der Empfindung gerecht zu werden. Poesie und Musik haben hier einen Bund geschlossen, der auf innerster Herzensneigung beruht, wenngleich der Poesie die Rechte des Gatten eingeräumt sind. Da Schubert aber nicht skropulös in der Wahl seiner Texte war, so sind schon aus diesem Grunde nicht alle seine Compositionen gleichwerthig; unbedeutend ist keine. Sein Geist umspannte alle Gattungen der Dichtkunst. So nimmt er in der Musik eine ähnliche Stellung ein wie Goethe in der Lyrik, von dessen Gedichten er gegen hundert in Musik setzte. 45 davon fallen in das Jahr 1815, darunter Op. 1 „Der Erlkönig". Am meisten zu bewundern ist seine Kunst, für die oft sehr ähnlichen Stimmungen immer wieder neue Töne und Farben zu mischen, in den drei Liedercyclen „Die schöne Müllerin", „Winterreise", „Schwanengesang".

Mit wesentlich anderen Anschauungen ging Robert Schumann an die Liedcomposition. Er machte sich zunächst das Gedicht, das er componiren wollte, völlig zu eigen. Nachdem er es in seinem Innern verarbeitet hat, sucht er durch die Composition die Stimmungen des Gedichtes zu vertiefen und weiter auszudeuten. Seine Lieder sind daher congeniale Nachdichtungen in Tönen. Hierbei fällt dem Clavierpart eine activere Rolle zu als bei Schubert. Er ist mehr als eine bloße Begleitung oder Stütze des Gesanges, er ordnet sich nicht der Singstimme unter, sondern ist ein wesentlicher Factor neben derselben. Das Clavier übernimmt oft die weitere Ausführung einer durch den Text nur angedeuteten Empfindung. Dies zeigt sich besonders in den Nachspielen. Hier dichtet Schumann in Tönen weiter und erzielt damit zuweilen Wirkungen, an die der Dichter nicht gedacht hat. Das bekannteste Beispiel hierfür ist der Schluß seines Liedercyclus „Frauenliebe und Frauenleben", wo Schumann im Nachspiel die Erinnerung an das erste Liebesglück in der Seele der am Grabe stehenden Wittwe erwachen läßt. Die Tragik des Gedichtes erhält hierdurch geradezu etwas Erschütterndes. Der eigentliche Liederfrühling Schumann's fällt in das Jahr 1840. Das eigene Liebesglück und

der endliche Besitz seiner Geliebten, Clara Wieck, stimm=
ten ihm die Saiten seiner Liederharfe.

Eine ähnliche Tendenz zeigen die Lieder von Ro=
bert Franz (1815—1892). Er ist, wie Liszt sagt,
ein psychischer Colorist. „Illustrationen des Dichter=
wortes" nennt Franz selbst die eigenen Lieder. In
ihnen steckt Schumann'scher Geist. An seinen Beglei=
tungen merkt man das eingehende Studium J. Seb.
Bach's, dem Franz so tief ergeben war. 1843 erschien
das erste Heft seiner Lieder (12 Gesänge) die bekannt=
lich Schumann's Beifall in höchstem Maße fanden.
Im Ganzen hat er über 250 Lieder componirt.

Einen Gegensatz zu dem rein lyrischen Franz bildet
Adolf Jensen (1837—1879), der ein durchaus dra=
matischer Lyriker ist. Ihm genügt es nicht, die ab=
solute Empfindung eines Gedichtes darzustellen, er sucht
die Phantasie des Hörers zu ergreifen und fortzureißen,
indem er das poetische Object zu der Anschaulichkeit
eines dramatisch wirkungsvoll inscenirten Vorganges
zu steigern sucht. Besonders beliebt sind seine Lieder=
cyklen: „Dolorosa", »Gaudeamus«, „Spanisches Lieder=
buch".

In derselben Progression, wie die Lieder der ge=
nannten Meister von Jahr zu Jahr in der Gunst des
Publikums steigen, nimmt das Interesse für die Lieder
Mendelssohn's ab. Es ist diese Erscheinung durchaus
nicht auffallend. Für unsere „Uebermenschen" ist Men=
delssohn's Gefühlssprache zu weich, zu sentimental. Sein
Herz liegt zu offen da. Wir verlangen heute psycholo=

gische Probleme von der Dichtung und der Musik. Aber
dennoch überragen seine Lieder um Haupteslänge recht
viele Producte, die sich das Publikum im Concertsaale
gefallen läßt. Diese Nichtachtung Mendelssohn's erstreckt
sich heute fast auf das gesammte Gebiet seiner compo=
sitorischen Thätigkeit. Man sucht ordentlich etwas darin,
diesen herrlichen Meister als Künstler herabzusetzen.
Vielleicht urtheilt die kommende Zeit einst gerechter.
Ist es nicht Carl Loewe (1796—1869) ganz ähn=
lich ergangen? Er setzte als Balladencomponist im
Jahre 1824 ein, blieb bis gegen das Jahr 1848 dauernd
der Liebling des singenden Publikums. Dann verschwand
er als Componist beinahe vollständig bis zum Jahre 1882.
Dank der rührigen Thätigkeit des in diesem Jahre ge=
gründeten Loewe=Vereines wurde das große Publikum
wieder auf ihn aufmerksam. Heute verehrt die ganze
Welt in Loewe einen ihrer größten Liedermeister. Seine
Balladen stehen durchaus auf dem Boden des Volks=
thümlichen. In seiner Melodiebildung nähert er sich
C. M. von Weber. „Den jauchzenden Ton, den be=
flügelnden Schwung der Weber'schen Musik finden wir
bei Loewe nicht, weil ihm das dramatische Pathos
fehlt. Aber Frische, Treuherzigkeit, Zartheit der Em=
pfindung spendet er uns aus erster Quelle. Wenn
Weber der Schiller in der Musik, so ist Loewe ihr
Uhland." Ihres dramatischen Pathos wegen scheinen
die fast vergessenen Lieder Weber's neuerdings wieder
im Concertsaale heimisch werden zu wollen. Die Lieder
von Abt, Eckert, Fesca, Gumbert, Kücken,

Proch und Andere sieht die heutige Musikwelt als einen überwundenen Standpunkt an. Die Lieder Taubert's, Curschmann's und Reinecke's haben sich noch einen intimen Freundeskreis erhalten. Wegen ihres schönen Gesanges und ihrer warmen Empfindung erfreuen sich einzelne Rubinstein'sche Lieder, darunter: „Der Asra", „Es blinkt der Thau", „Gelb rollt mir zu Füßen", das Duett „Aller Berge Gipfel" dauernd der Gunst des Publikums und der Sänger. Auch Peter Cornelius wird in seinen Weihnachts= und Brautliedern immer neue Freunde finden.

Hinsichtlich der Brahms'schen Liedcomposition machte Philipp Spitta zum ersten Male darauf aufmerksam, daß Brahms sich in der Tonart männlicher Lyrik bewege, daß er sich schon hierin von unseren großen Liedercomponisten Weber, Schubert, Mendelssohn und Schumann unterscheide, die alle etwas Jünglingshaftes an sich hätten und auch jung oder in den besten Jahren gestorben seien. Daß dagegen alle Brahms'schen Lieder von Op. 32 an bis auf einen geringen Bruchtheil „Männerlieder" seien, dem zu Folge auch nur von Männern gesungen werden sollten. Spitta belegte die Ansicht durch den Hinweis auf die Lieder „O Nachtigall, dein süßer Schall", „Die Mainacht", „Die Magelonen=Romanzen" durch Op. 57 und die folgenden Sammlungen. Diese feinsinnige Beobachtung liefert uns zugleich den Schlüssel für Manches, was in den Brahms'schen Liedern auf den ersten Blick überrascht. Wie grundverschieden ist zum Beispiel die Erotik

Brahms' und die Schumann's! Hier jugendliche Ueber=
schwänglichkeit, dort mehr ein Verhalten des Gefühles,
das wie stille Resignation aussieht, ein Herz, das nicht
ohne Weiteres an ein Glück glaubt, das ihm beschieden
sein soll. Wie anders der Ausdruck schmerzlicher Em=
pfindungen! Schumann vergießt Thränen, Brahms
sein Herzblut. Der Clavierpart ordnet sich, wenn auch
die Begleitungen oft schwierig zu spielen sind, im All=
gemeinen der Singstimme unter.

In neuester Zeit wird der Einfluß Richard Wag=
ner's auf das deutsche Lied bemerkbar. Insbesondere
sind es Meistersinger= und Tristanmotive, die sich im
modernen Liede nachweisen lassen. Das ursprüngliche
Verhältniß zwischen Clavier und Gesang erscheint bei=
nahe umgedreht. Der Schwerpunkt liegt zumeist im
Clavierpart. Die Melodie wird auf ein gewisses Sprach=
niveau herabgedrückt. Auf die Entfaltung eines schö=
nen Gesanges wird kaum etwas gegeben, die Worte
werden „vertont". Wie es „Lieder ohne Worte", so
giebt es jetzt „Clavierstücke mit Gesang". Neben Wag=
ner und Liszt gehören zu dieser Schule: d'Albert,
Weingartner, R. Strauß, der Balladencomponist
M. Plüddemann, Graf Eulenburg, Hans Her=
mann und Hugo Wolf, der liederreichste Sänger der
Neuzeit, dessen schönem Schaffen eine unheilvolle Krank=
heit ein allzu frühes Ziel steckte. Der älteren Liedcom=
position stehen näher: E. Meyer=Helmund, von
Fielitz, Robert Kahn. Nicht unerwähnt sollen
bleiben: H. Hofmann's vielgesungene „Singuflieder",

Weinzierl's Compositionen Baumbach'scher Texte und
Riedel's einst so beliebte „Trompeterlieder." Von
ausländischen Liedcomponisten haben bisher nur die
Schöpfungen E. Grieg's (geboren 1843) eine weitere
Verbreitung gefunden. Sie gehören zu dem Schönsten,
was auf diesem Gebiete geleistet worden ist. In ihrer
Melodik lehnen sie sich natürlich an die nordische Volks=
musik an.

Gegenwärtig kann man also noch von einer deut=
schen Ueberlegenheit in der Liedcomposition sprechen.
Aber schon rüsten sich die anderen Nationen zu einem
Einfall in dieses von den Deutschen praeoccupirte Ter=
rain. Unsere deutschen Componisten müssen daher auf
der Hut sein, daß ihnen nicht auch dieser Platz in Zu=
kunft streitig gemacht werden wird. Denn von einer
unbedingten Führerschaft Deutschlands auf musikalischem
Gebiete kann seit Brahms' Tode doch wohl nur ein
enragirter Anhänger der modernsten Richtung reden.
Uebrigens wäre es ja auch kein Wunder, wenn Deutsch=
land diese Führerrolle, die es seit 400 Jahren in bei=
nahe perpetuirlicher Continuität besessen hat, nun ein=
mal an eine andere Nation abtreten würde. Wenn
R. Schumann 1842 schreiben konnte, „das unterscheidet
eben die Meister der deutschen Schule von Italienern
und Franzosen, daß sie sich in allen Formen und Gat=
tungen versuchten, während die Meister jener anderen
Nationen sich meistens nur in einer Gattung hervor=
thaten", so trifft diese Charakteristik heute nicht mehr
zu. Auf allen Gebieten der Musik sehen sich unsere

Concertleitungen zu Anleihen bei den Ausländern ge=
nöthigt. Die Kassenmusiker stehen eben auf dieser Seite.
Seitdem unsere Musik aufgehört hat, volksthümlich zu
sein und sich nur an die sogenannten Gebildeten wen=
det, die als moderne Uebermenschen schwere Kost haben
und ihr bedeutsames „Ich" auch in der Musik gern
wiedergespiegelt sehen wollen, suchen unsere modernen
Componisten etwas darin, eine Art metaphysischer
Musik „höherer Inspiration" zu schreiben, die ohne
erläuterndes Programm nur ein „Eingeweihter" ver=
steht. Zu viel realistischer Subjectivismus, zu viel Re=
flexion! Aber zu wenig wirklich große Gedanken.
Pauken und Trompeten machen es allein nicht. Das
aufdringliche Fortissimo muß abgedämpft werden. Es
steht dieses hohle Pathos so wenig dem deutschen Ge=
müth. Wir vermissen jene stille Größe, durch die
uns die Werke der Meister so unmittelbar ergreifen,
jene himmlischen Melodien, deren wunderbarer Macht
sich Aller Herzen öffnen. Statt dessen laute Renom=
misterei, gröbste Sinnlichkeit, unschönste Klanglichkeit.
Daß man es in der Moderne gerade auf die Auflösung
der Melodie abgesehen hat, will uns als das Allerbe=
denklichste der neuen Richtung erscheinen. Hat man es
doch schon bis zu der Gattung „Gesprochene Lieder"
gebracht.

Die Musik bedarf keines fremden Beiwerks; sie
hat gezeigt, daß sie auf eigenen Füßen stehen kann.
Darum los von der metaphysischen Musik, die die Blü=
thenkrone der Kunst, die Melodie, ertödtet! Aber wir

leben offenbar in einer Uebergangszeit. Man ringt nach neuen Idealen, und wir sind die Letzten, die sich gegen neue Bahnen sperren. Wenn aber eine Kunstrichtung gegen die Grundgesetze der Aesthetik, die Schönheit, verstößt, dann dürfte ein Mahnruf gestattet sein. Vielleicht bringt uns das Ausland zur Besinnung! Vielleicht erstarkt aber die deutsche Musik selber zu neuen Idealen an der Kunst Sebastian Bach's!